おしゃれなレース編み

河島京子

もくじ

表紙の作品は３～５ページにあります

模様を考えながらレースを編んで
編み図とイラストをかいています。
レース編みの好きなあなたが
もっと楽しく編めますように。

河島京子

テーブルを優雅に彩る

1 美しいレース

手作りのレースをテーブルにのせれば、
特別な時間が流れます。
まずは、大作のレースをご紹介します。

1 テーブルクロス

サイズ／直径 190 ㎝
編み方／35 ページ

直径 190 ㎝のテーブルクロス。
やはり、お部屋の雰囲気を変えてくれます。

1 テーブルクロス

サイズ／直径 190 ㎝
編み方／35 ページ

ただひたすら、平らになるように……

2 テーブルセンター

サイズ／直径 40 cm
編み方／34 ページ

15gまでで編めて簡単

2 かわいいドイリー

初めての方にちょうどいい、かわいいドイリー。
早く完成するので、
いろいろなデザインを編んでみてください。
残り糸の利用にもおすすめです。

3 ドイリー

サイズ／直径 18 ㎝
編み方／40 ページ

ドイリー7種

どのレースも、4段めまでは同じ編み方です。
あなたはどれを編みますか？

5 サイズ／20×18 cm
編み方／42 ページ

4 サイズ／直径 18 cm
編み方／41 ページ

6 サイズ／直径 18.5 cm
編み方／43 ページ

7 サイズ／19×18 cm
編み方／44 ページ

8 サイズ／直径 20 cm
編み方／45 ページ

9 サイズ／16×16 cm
編み方／46 ページ

10 サイズ／直径 18.5 cm
編み方／47 ページ

11 ドイリー

サイズ／11×11 cm

編み方／48 ページ

12 ドイリー

サイズ／直径 15 cm

編み方／49 ページ

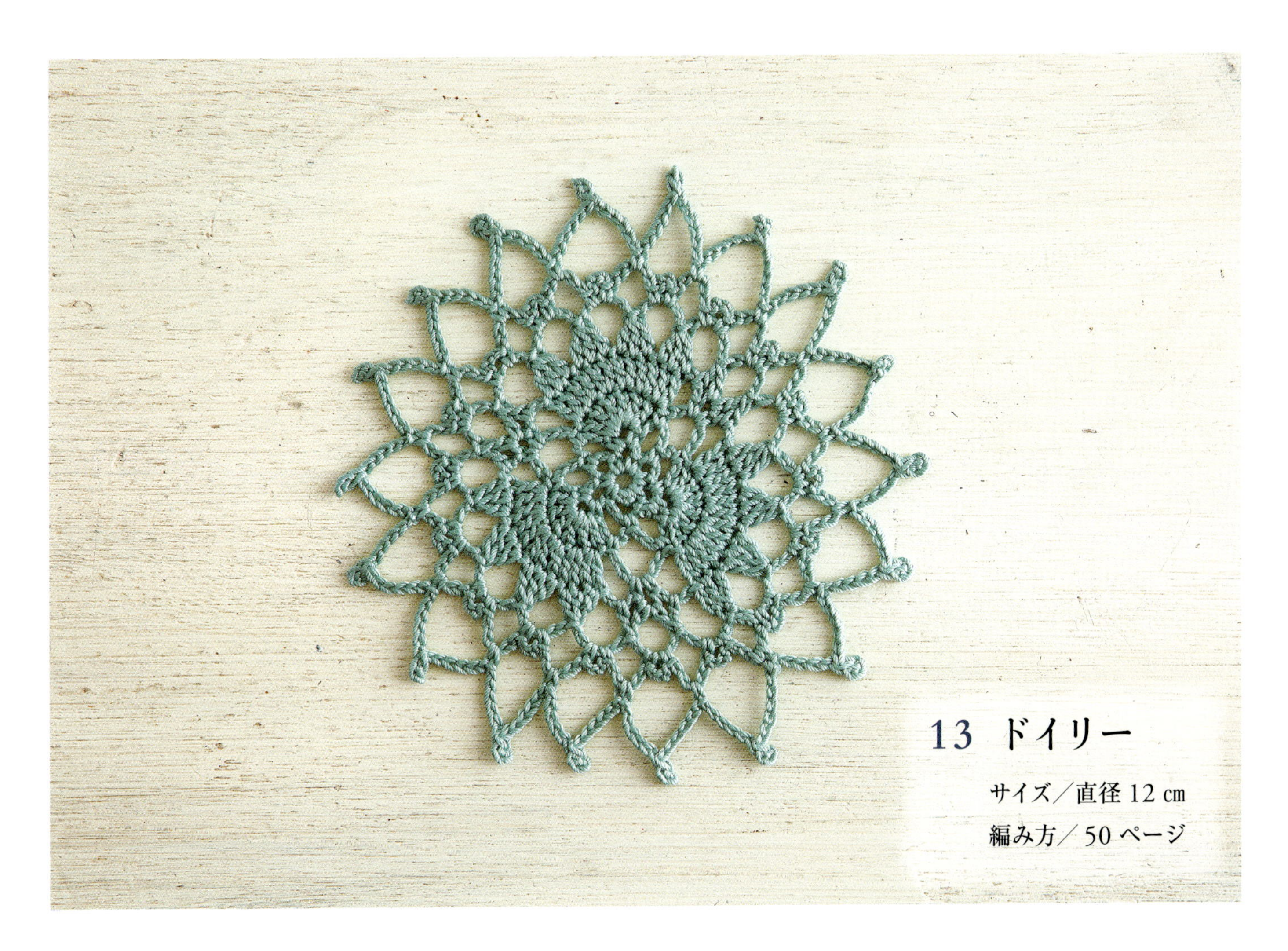

13 ドイリー

サイズ／直径 12 cm
編み方／50 ページ

14 ドイリー

サイズ／19×15 cm
編み方／51 ページ

15 ドイリー

サイズ／直径 16 ㎝

編み方／ 52 ページ

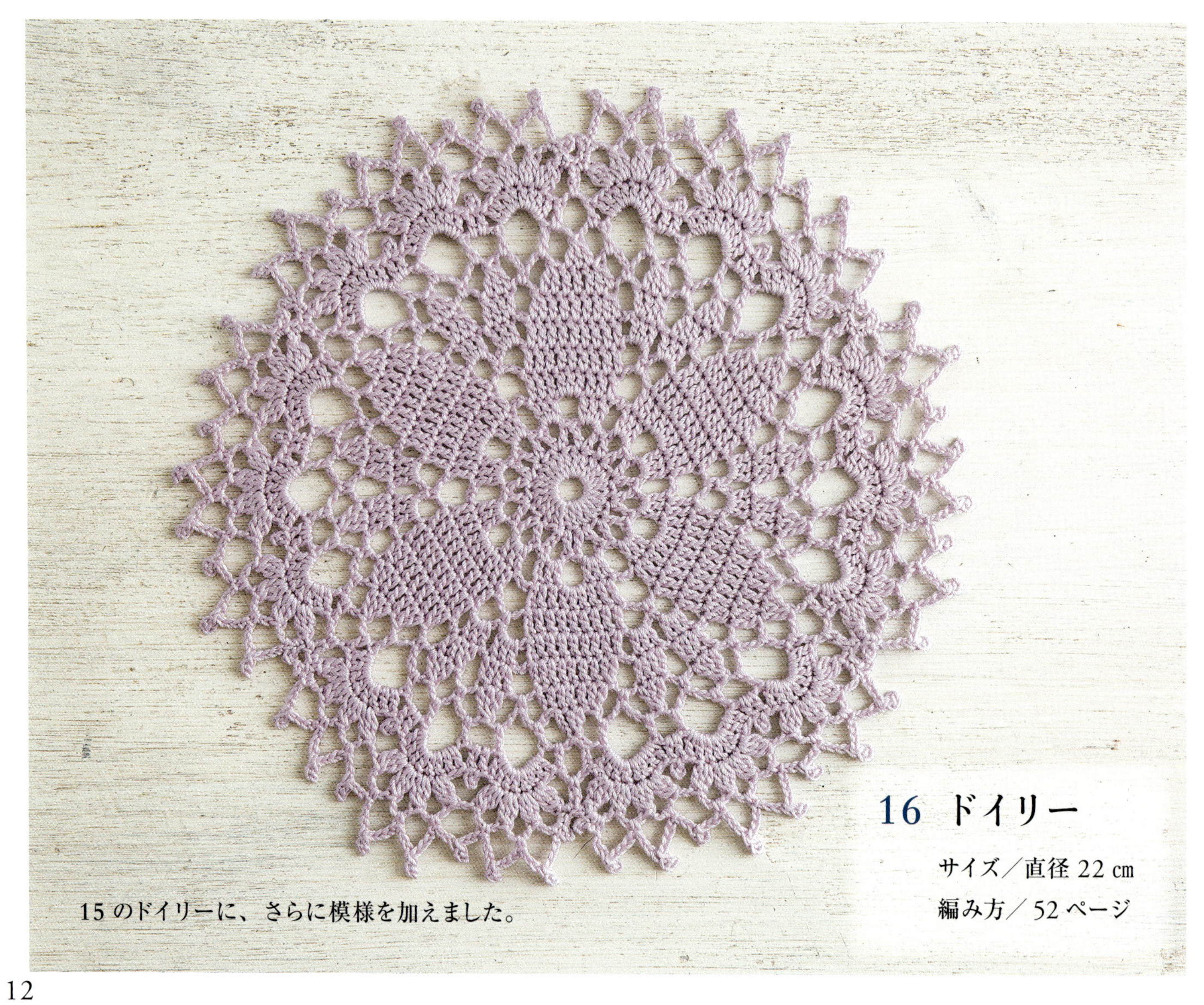

16 ドイリー

サイズ／直径 22 ㎝

編み方／ 52 ページ

15 のドイリーに、さらに模様を加えました。

17 ドイリー

サイズ／直径 14.5 ㎝
編み方／53 ページ

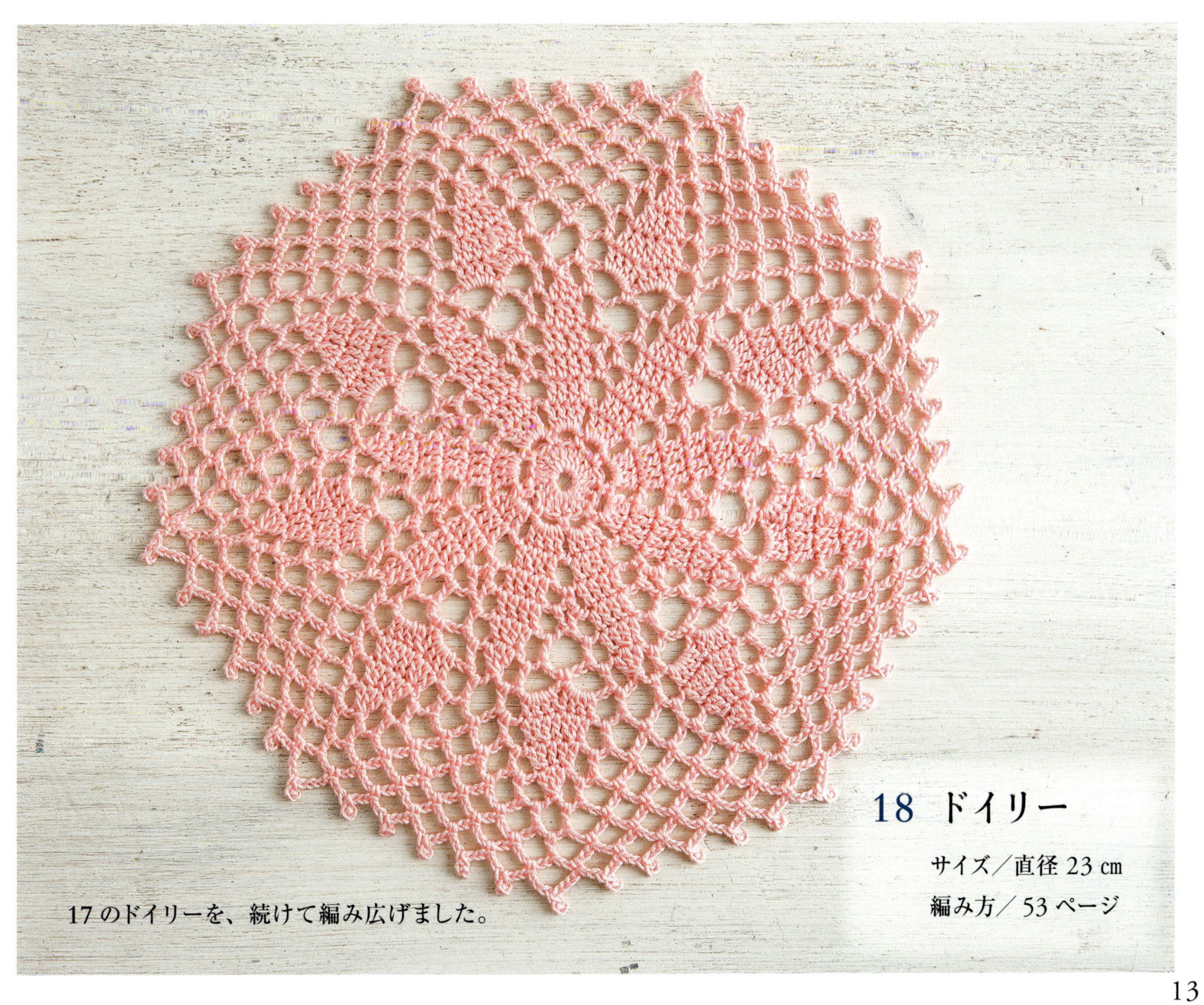

18 ドイリー

サイズ／直径 23 ㎝
編み方／53 ページ

17のドイリーを、続けて編み広げました。

19 ドイリー

サイズ／直径 20.5 cm　エジング幅 5 cm

編み方／55 ページ

20 ドイリー

サイズ／10.5×9.5 cm　エジング幅 2.5 cm

編み方／54 ページ

カラフルな糸から生まれたレースです。
白糸と麻布が加わって、絶妙なバランスを作ります。

21 ドイリー

サイズ／7×6cm
編み方／56ページ

22 ドイリー

サイズ／9×8cm
編み方／56ページ

24 ドイリー

サイズ／直径7cm
編み方／56ページ

23 ドイリー

サイズ／直径6cm
編み方／56ページ

25 ドイリー

サイズ／31×24㎝　エジング幅4㎝
編み方／58ページ

26 ドイリー

サイズ／直径 14 cm　エジング幅 4 cm

編み方／58 ページ

27 ドイリー

サイズ／26×18 cm　エジング幅 4 cm

編み方／58 ページ

3 大きさや形を自在に楽しめる
やさしいモチーフレース

小さいモチーフを数枚編みつなぐモチーフつなぎ。
つなぎ方で大きさや形を変えられるので、
テーブルに合わせて調整してみてください。

28 テーブルセンター

サイズ／42×39 cm
編み方／74 ページ

29 ドイリー

サイズ／15×14 cm
編み方／74 ページ

30 ドイリー

サイズ／直径 33 ㎝　エジング幅 8 ㎝

編み方／73 ページ

麻布に 29 のデザインをアレンジした縁編みをプラスしました。

31 ドイリー

サイズ／21×17 cm

編み方／66ページ

32 ドイリー

サイズ／35×18 cm

編み方／66ページ

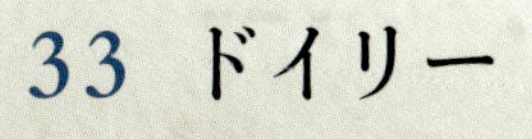

33 ドイリー

サイズ／14.5×13 ㎝
編み方／68 ページ

34 ドイリー

サイズ／22×14.5 ㎝
編み方／68 ページ

35 ドイリー

サイズ／18×17.5 cm
編み方／61 ページ

36 ドイリー

サイズ／30×28 ㎝

編み方／62 ページ

レースの縁編みに布をプラス

4 上品なエジングレース

布と組み合わせることで、
レース編みだけとはまた違った魅力を引き出せます。
レースを編んでから布につける、やさしい仕立てです。

37 ドイリー

サイズ／直径 36 cm
エジング幅 12 cm
編み方／63 ページ

38 テーブルセンター

サイズ／71×43 cm　エジング幅 6.5 cm
編み方／64 ページ

39 テーブルセンター

サイズ／72×72㎝　エジング幅13㎝
編み方／70ページ

40 テーブルセンター

サイズ／41×41 cm　エジング幅 13 cm

編み方／70 ページ

41 ドイリー

サイズ／ 39×28 cm　エジング幅 7.5 cm
編み方／ 76 ページ

42 テーブルセンター

サイズ／ 63×46 cm　エジング幅 7.5 cm
編み方／ 76 ページ

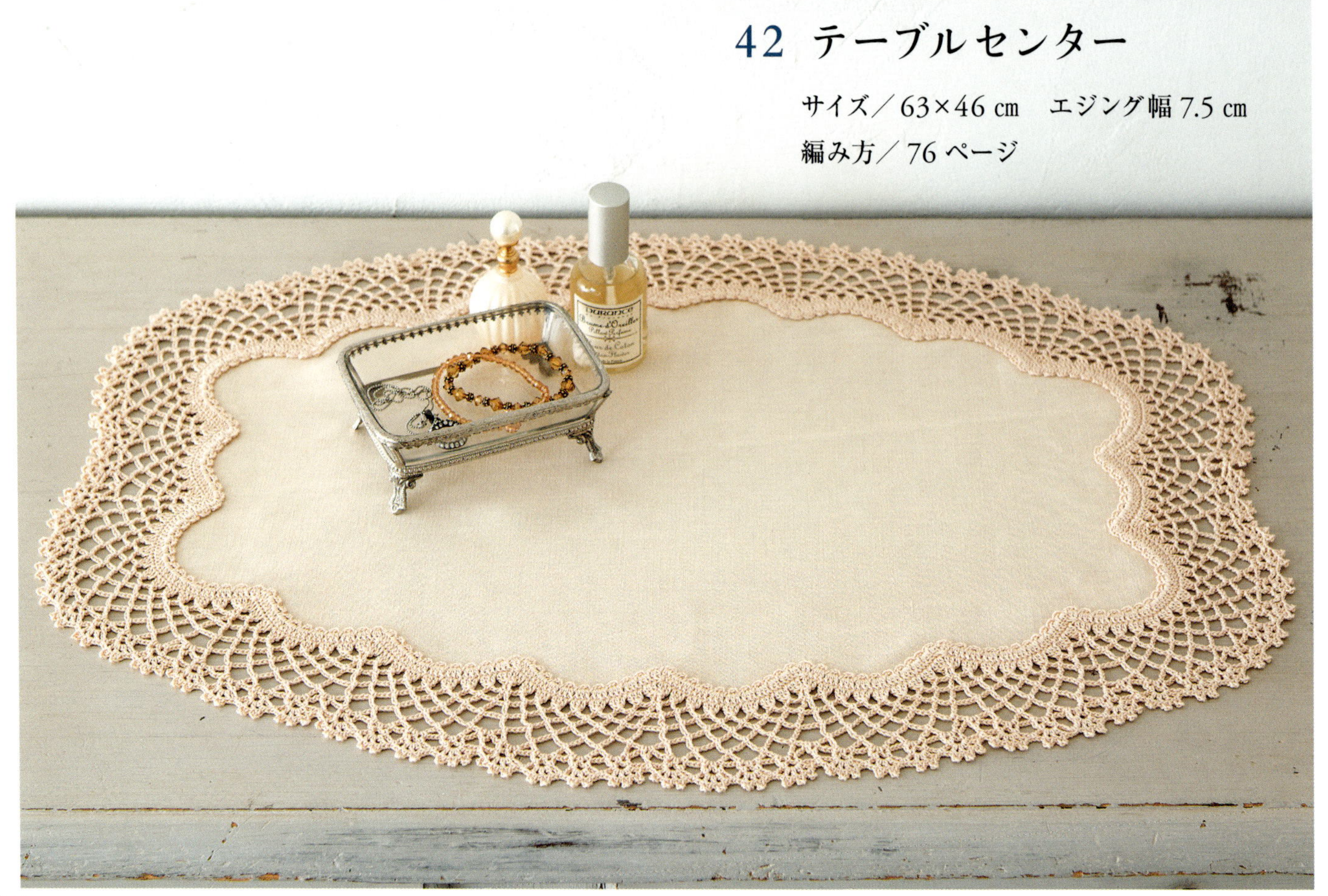

43 テーブルクロス

サイズ／直径 100 cm　エジング幅 7.5 cm

編み方／76 ページ

44 テーブルセンター

サイズ／ 88×31 ㎝　エジング幅 9.5 ㎝

編み方／ 80 ページ

45 テーブルセンター

サイズ／直径 46 cm　エジング幅 7 cm
編み方／84 ページ

46 テーブルセンター

サイズ／直径 87 cm　エジング幅 6.5 cm
編み方／82 ページ

作品の編み方

テーブルクロスを整え、
渡辺淑克カメラマンを見上げて……

河島京子

※わからなくなった時、時間のある時、「レース編みの基礎」（85～95ページ）をご覧ください。
基礎が身につくと楽しく編めますよ。

2 テーブルセンター …6ページの作品

材料　オリムパスエミーグランデの白（801）を40g

用具　クロバー0号レース針

サイズ　直径40㎝

編み方　図を参照して編みます。

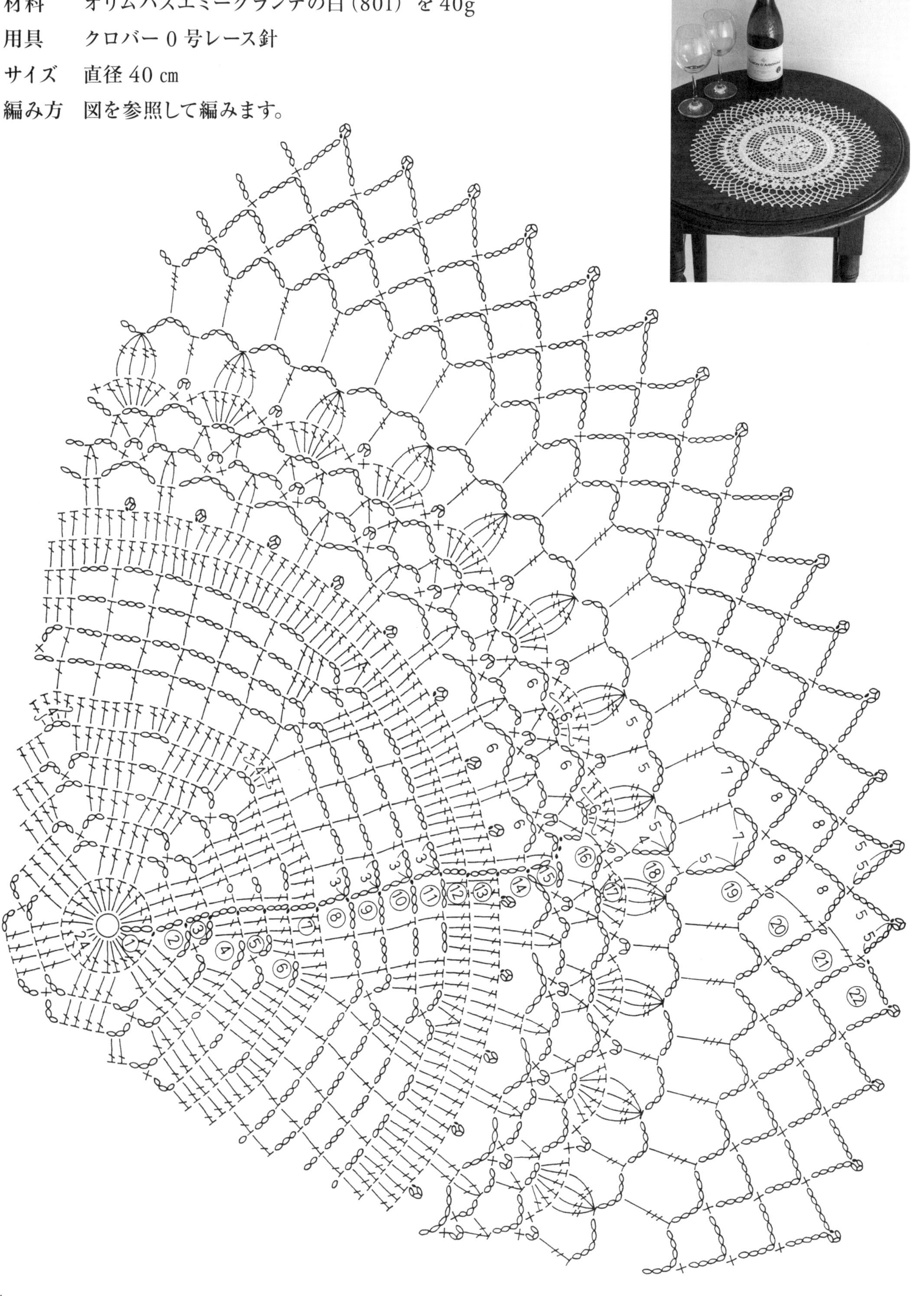

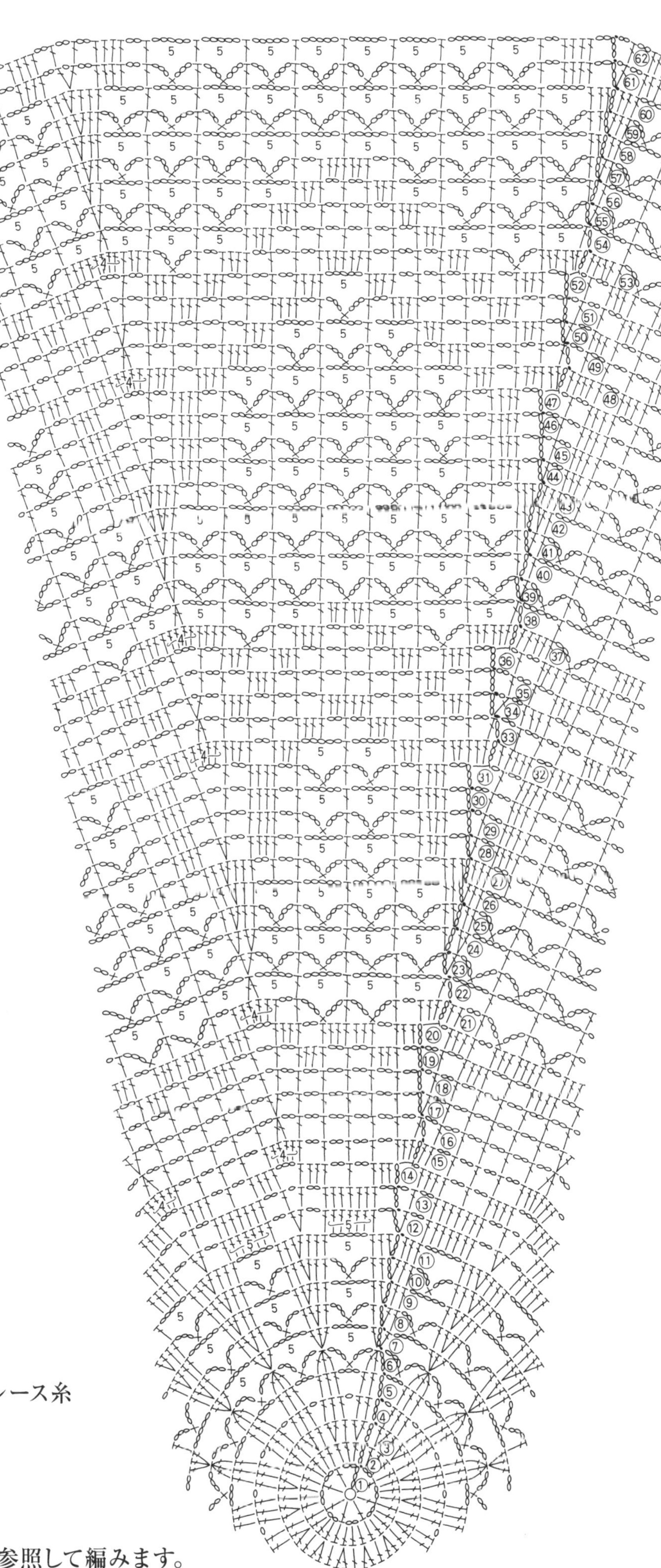

1 テーブルクロス

…表紙・3 ページの作品

材料　オリムパス金票 40 番レース糸の白（801）を 870g

用具　クロバー 8 号レース針

サイズ　直径 190 cm

編み方　35 ～ 39 ページの図を参照して編みます。

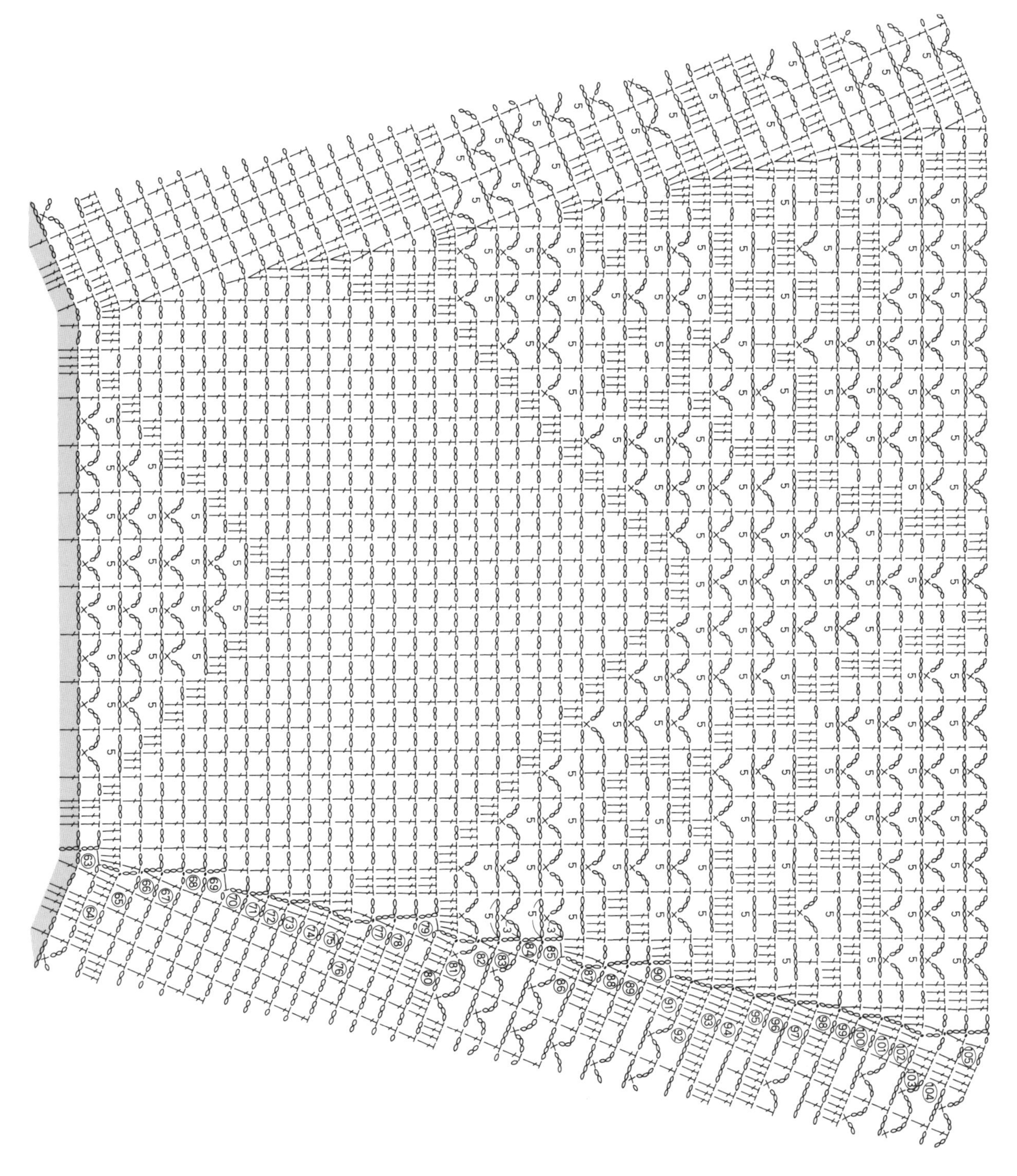

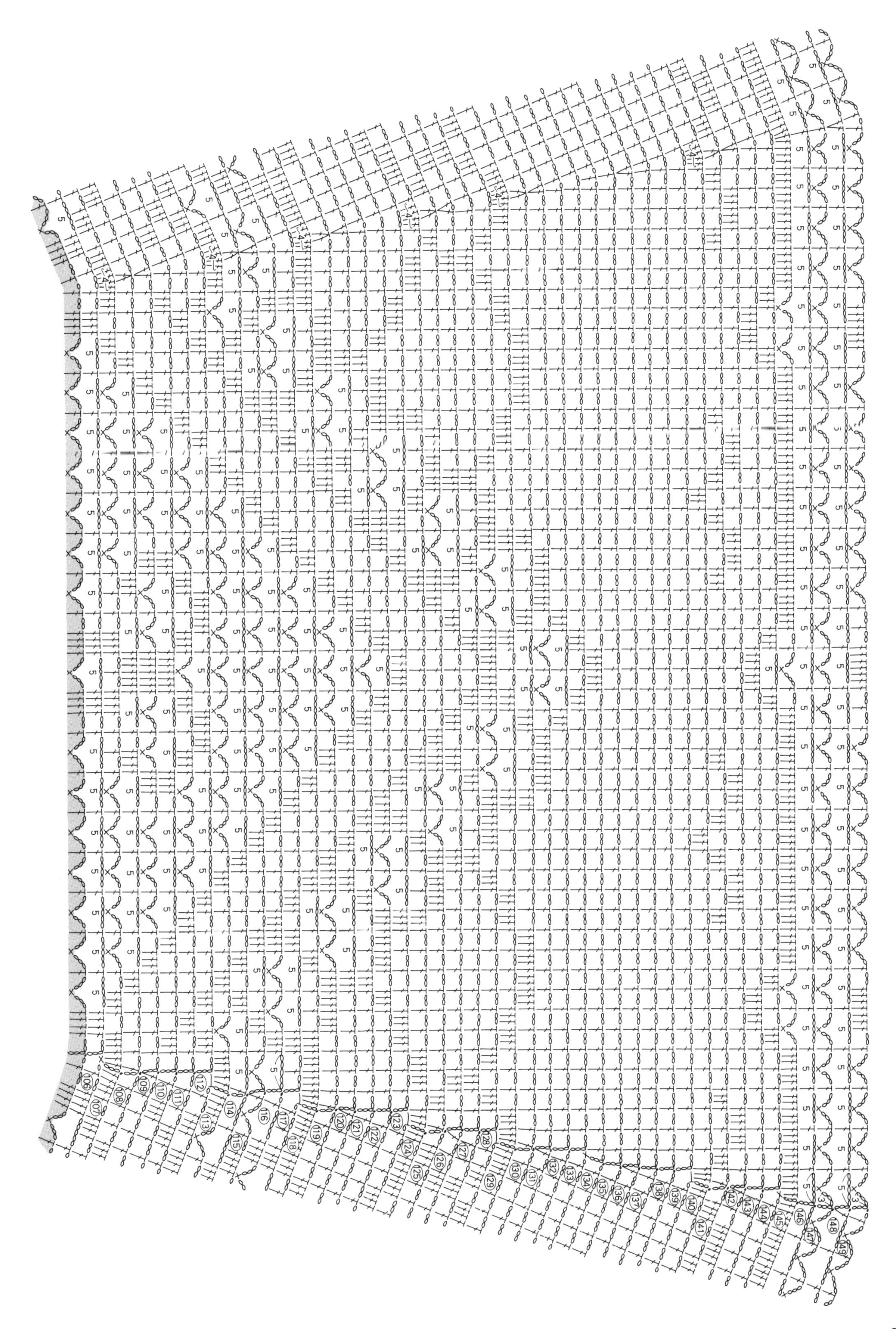

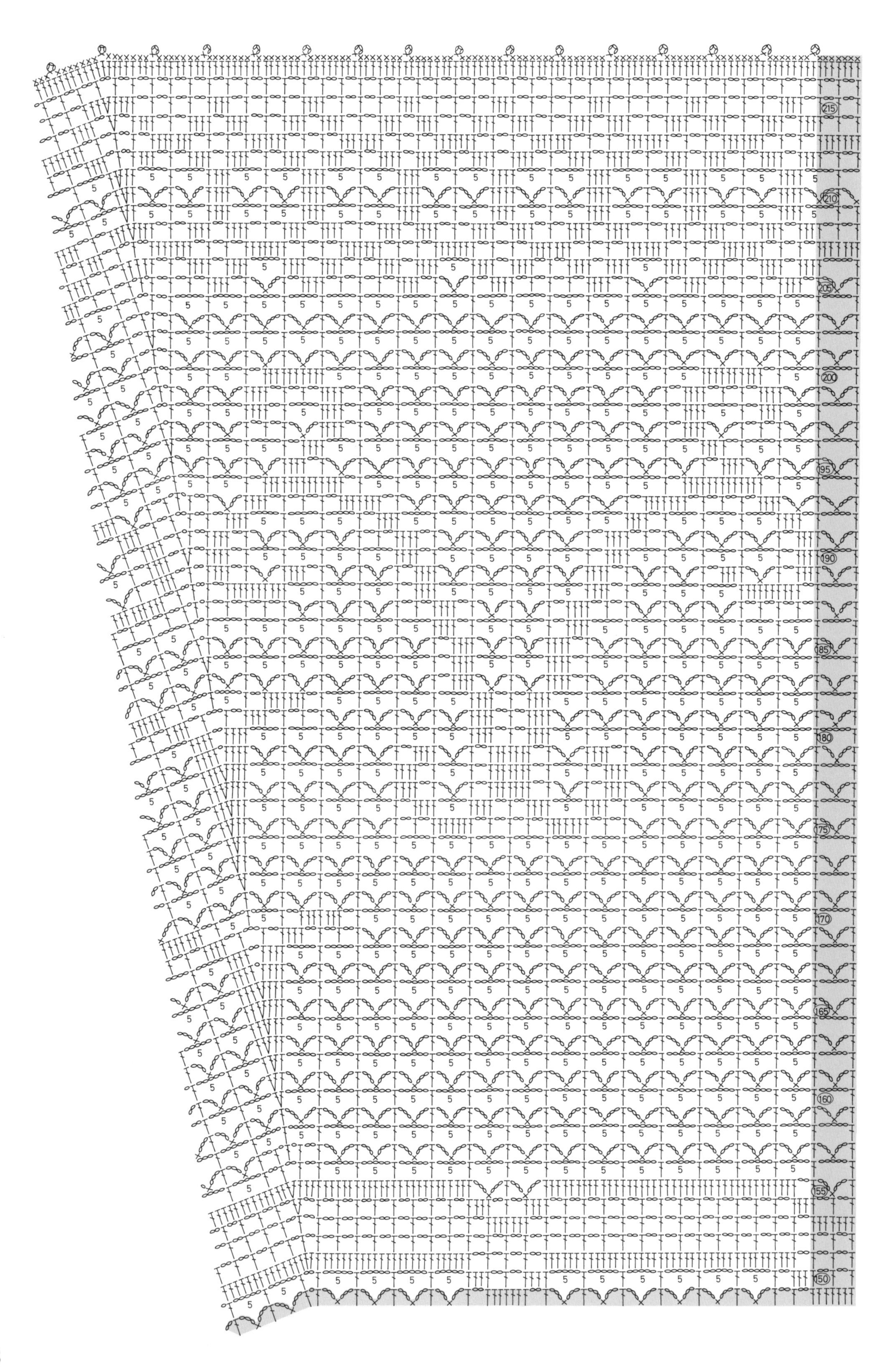

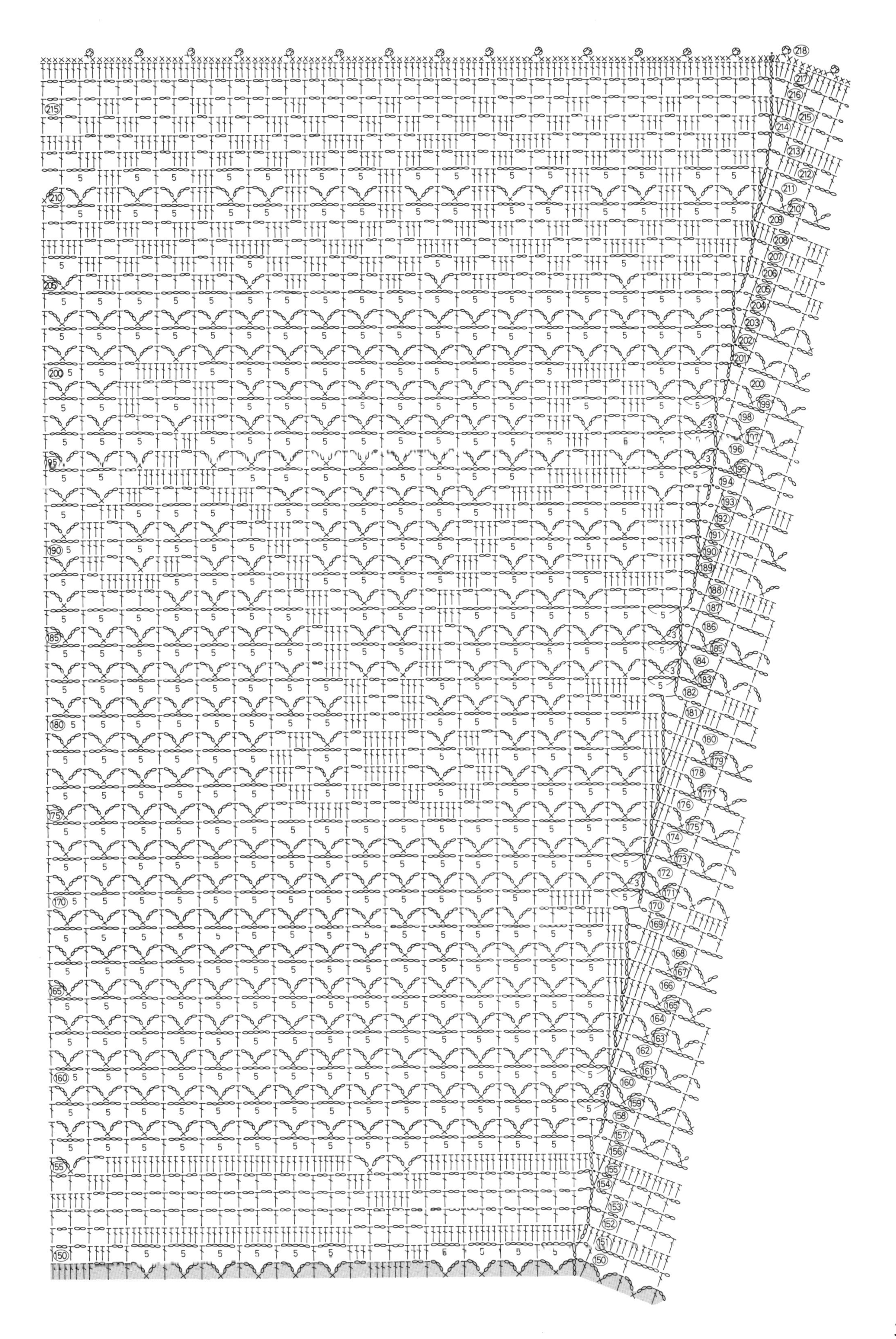

3 ドイリー …7ページの作品

材料　オリムパスエミーグランデの白（801）を9g

用具　クロバー0号レース針

サイズ　直径18㎝

編み方　図を参照して編みます。

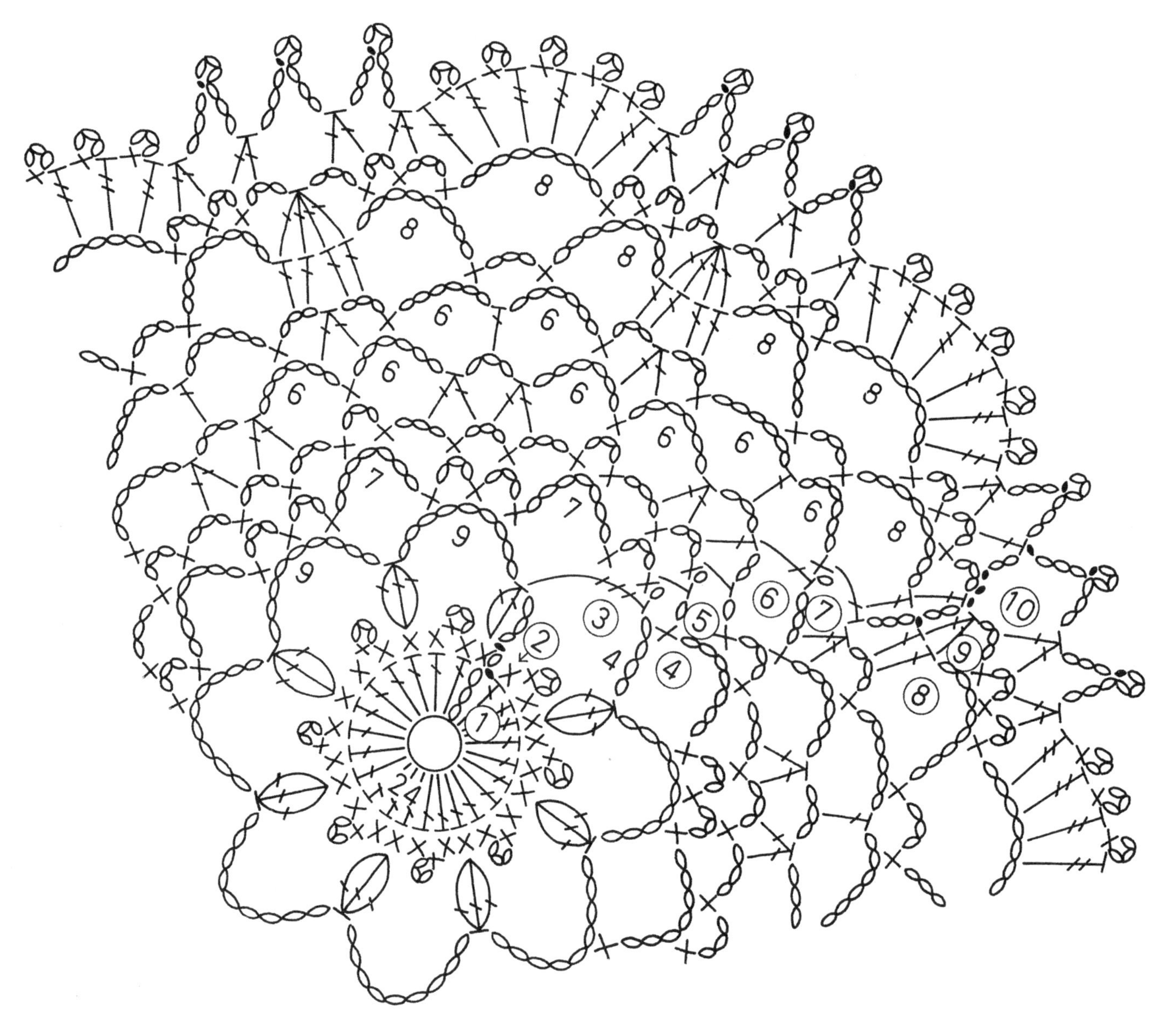

4 ドイリー …8 ページの作品

材料　オリムパスエミーグランデの白（801）を 10g

用具　クロバー 0 号レース針

サイズ　直径 18 cm

編み方　図を参照して編みます。

5 ドイリー …8ページの作品

材料　オリムパスエミーグランデの白（801）を11g

用具　クロバー0号レース針

サイズ　20×18 cm

編み方　図を参照して編みます。

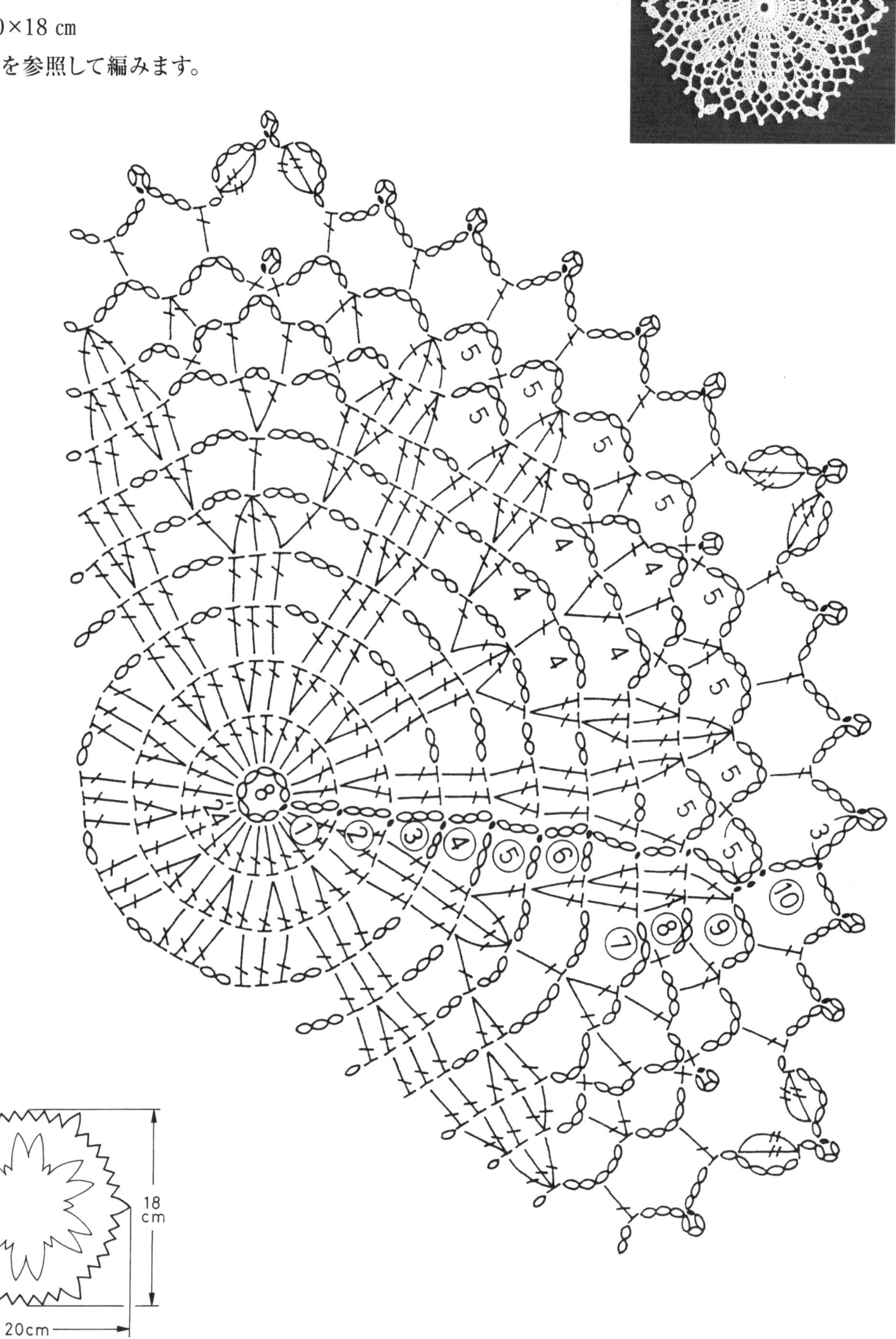

6 ドイリー …8ページの作品

材料　オリムパスエミーグランデの白（801）を12g
用具　クロバー0号レース針
サイズ　直径18.5㎝
編み方　図を参照して編みます。

7 ドイリー …9 ページの作品

材料　オリムパスエミーグランデの白（801）を 11g

用具　クロバー 0 号レース針

サイズ　19×18 ㎝

編み方　図を参照して編みます。

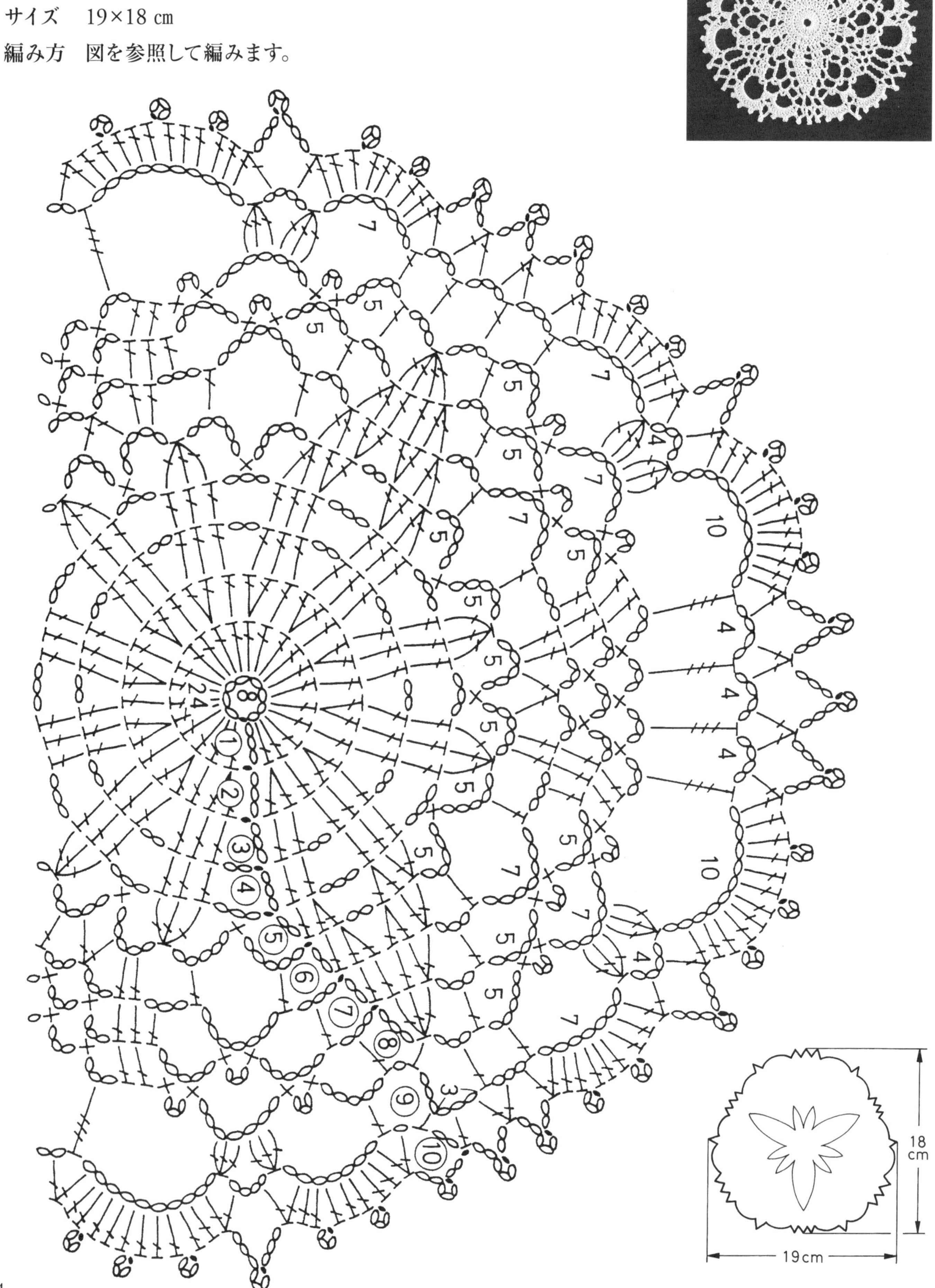

8 ドイリー …9ページの作品

材料　オリムパスエミーグランデの白（801）を11g

用具　クロバー0号レース針

サイズ　直径20㎝

編み方　図を参照して編みます。

9 ドイリー …9ページの作品

材料　オリムパスエミーグランデの白（801）を10g

用具　クロバー0号レース針

サイズ　16×16㎝

編み方　図を参照して編みます。

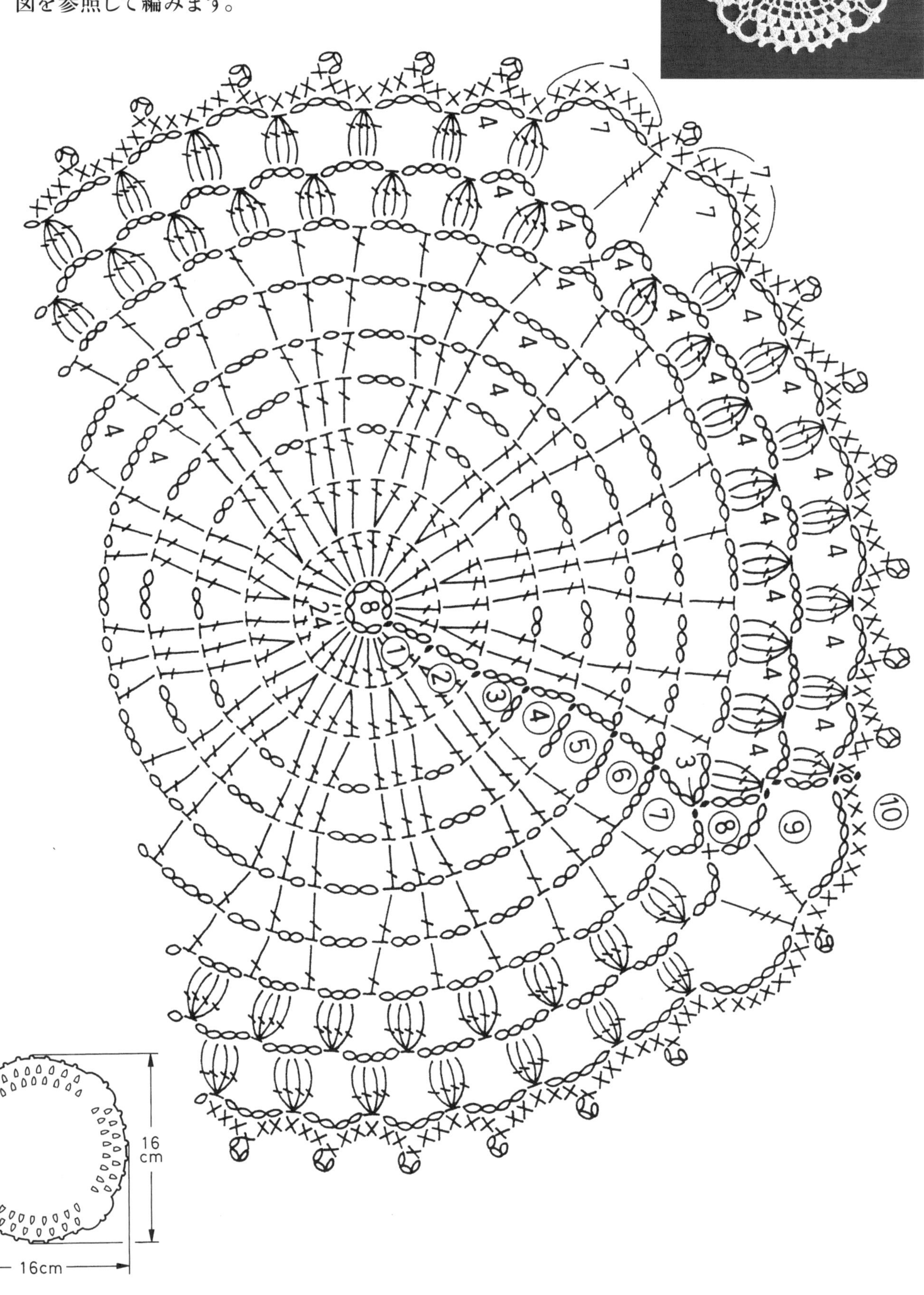

10 ドイリー …9ページの作品

材料　オリムパスエミーグランデの白（801）を12g

用具　クロバー0号レース針

サイズ　直径18.5㎝

編み方　図を参照して編みます。

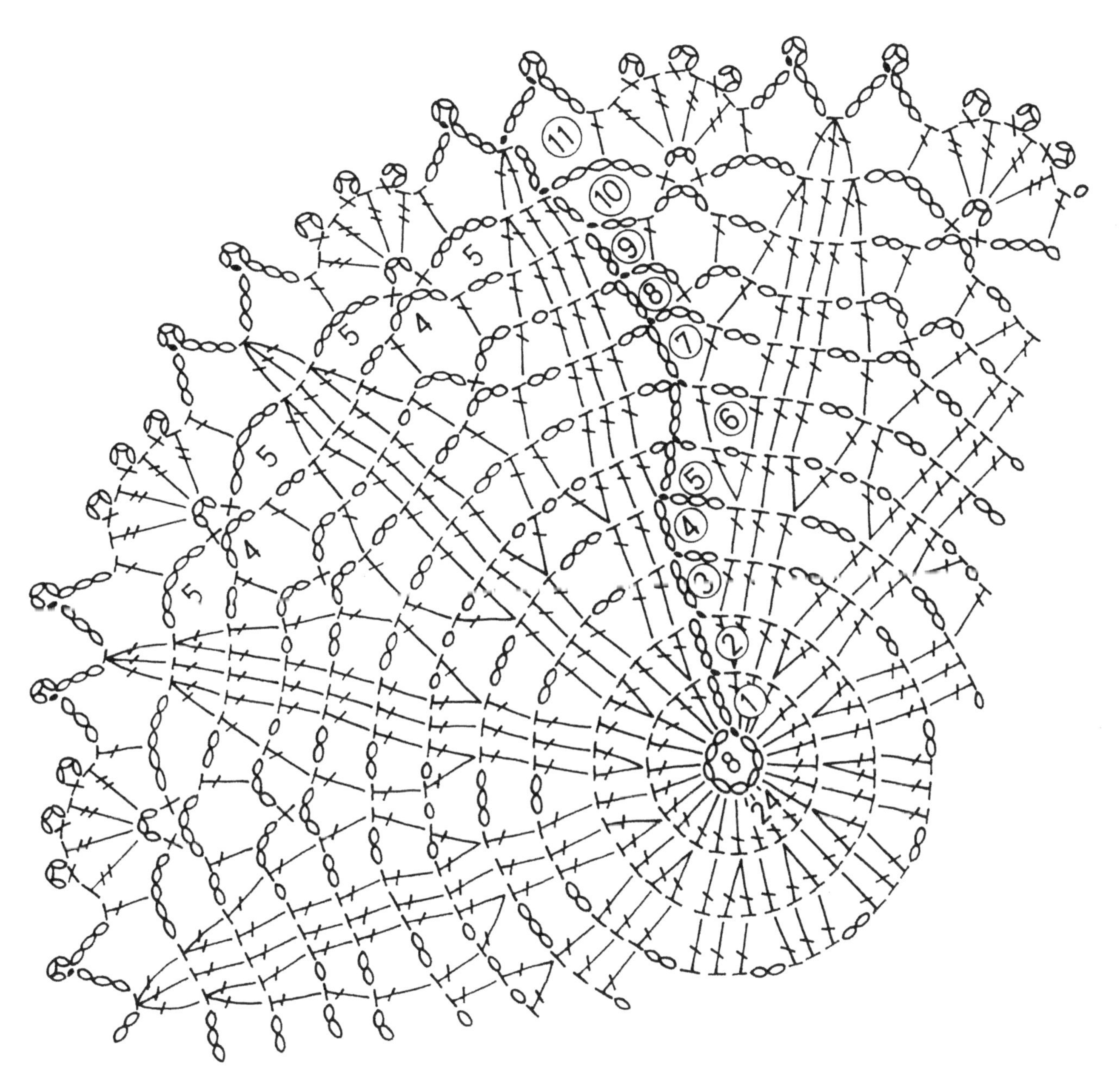

11 ドイリー …10ページの作品

材料　オリムパスエミーグランデの黄色（521）を8g

用具　クロバー0号レース針

サイズ　11×11㎝

編み方　図を参照して編みます。

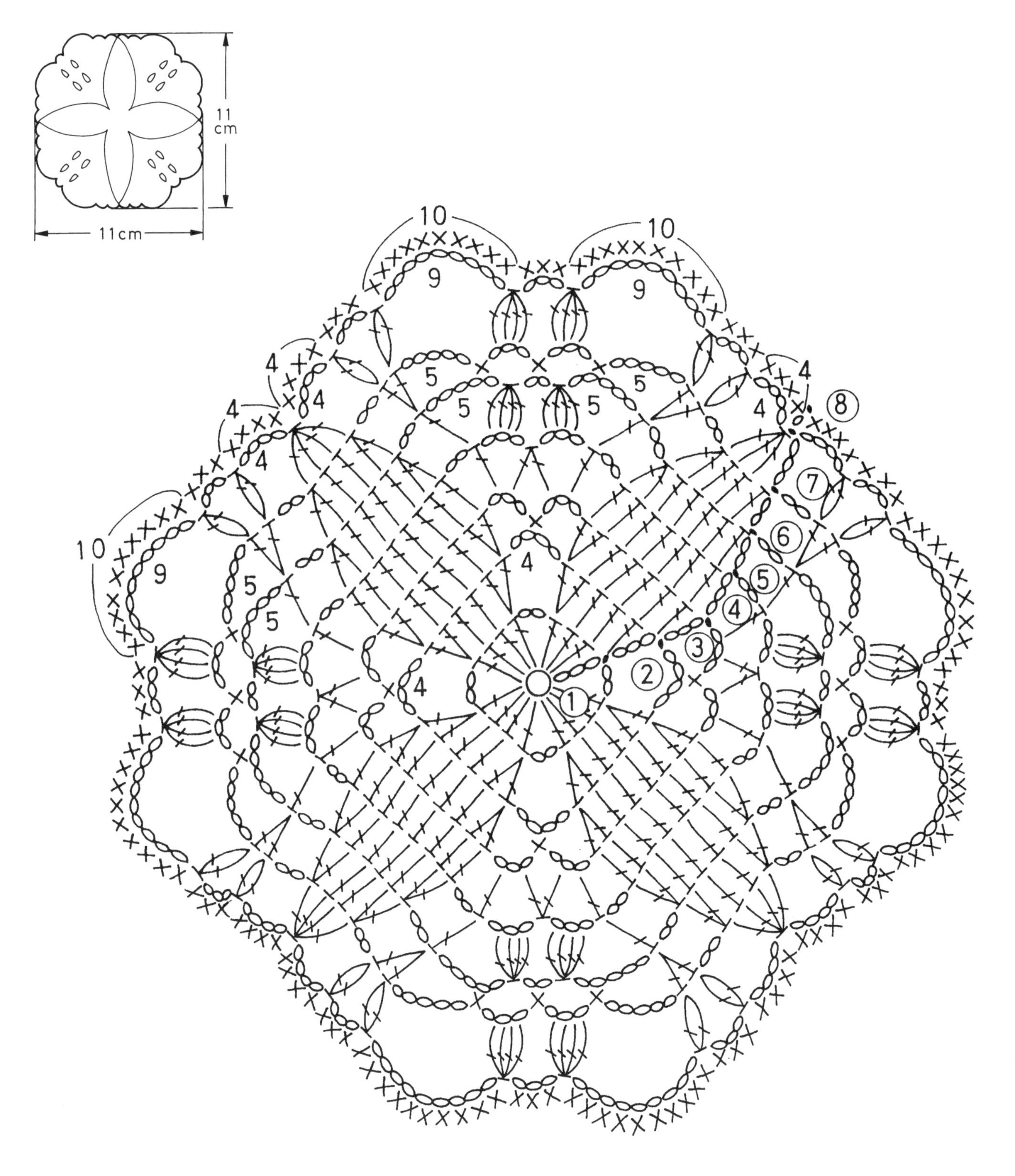

12 ドイリー …10ページの作品

材料　オリムパスエミーグランデの薄黄色（520）を9g
用具　クロバー0号レース針
サイズ　直径15㎝
編み方　図を参照して編みます。

鎖3目の引き抜きピコット

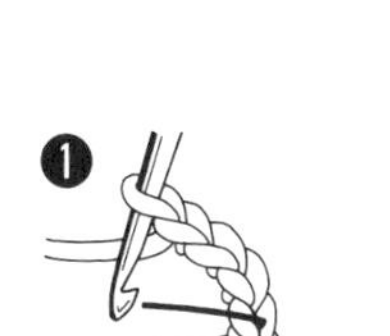

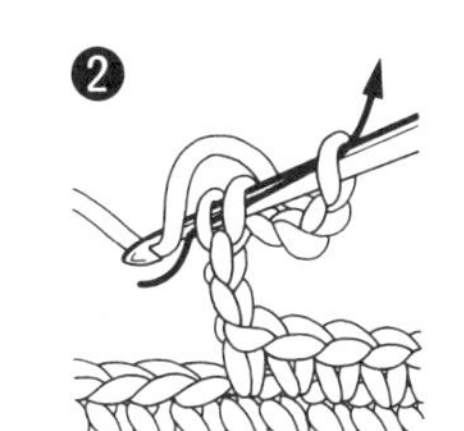

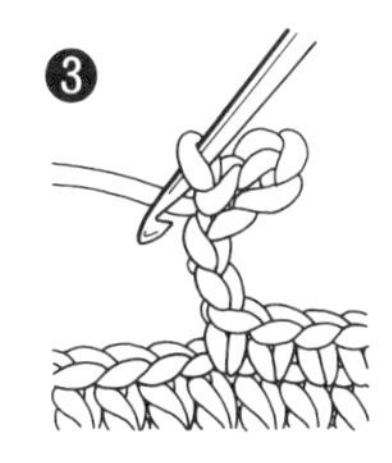

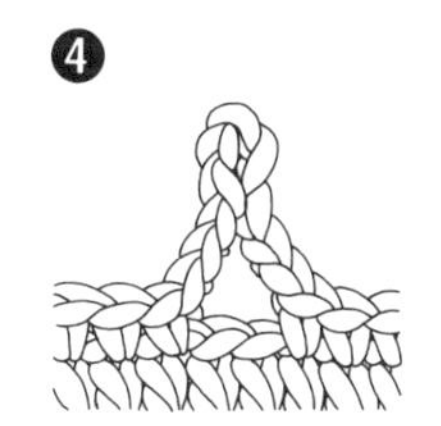

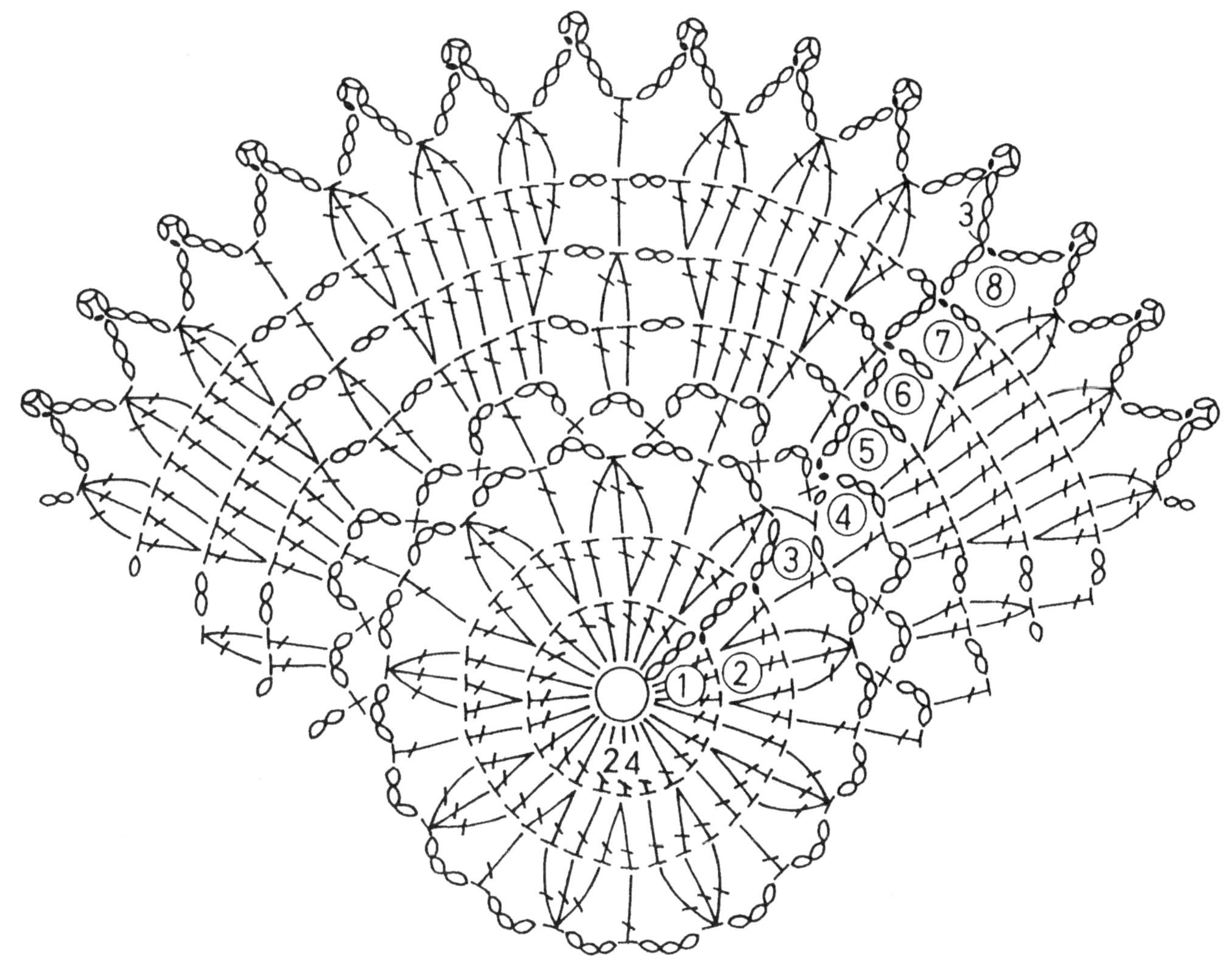

13 ドイリー …11ページの作品

材料　オリムパスエミーグランデのブルーグリーン（390）を5g

用具　クロバー0号レース針

サイズ　直径12㎝

編み方　図を参照して編みます。

14 ドイリー …11ページの作品

材料　オリムパスエミーグランデのペパーミントグリーン（261）を9g

用具　クロバー0号レース針

サイズ　19×15㎝

編み方　図を参照して編みます。

15・16 ドイリー …12ページの作品

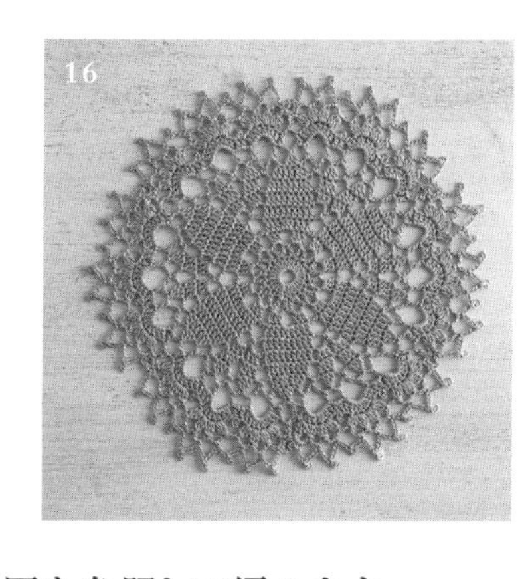

材料　15　オリムパスエミーグランデの紫（623）を10g
　　　16　オリムパスエミーグランデの薄紫（672）を15g
用具　クロバー0号レース針
サイズ　15　直径16㎝
　　　　16　直径22㎝
編み方　15　図を参照して編みます。
　　　　16　15の図を参照して8段めまで編みます。9段めからは16の図を参照して編みます。

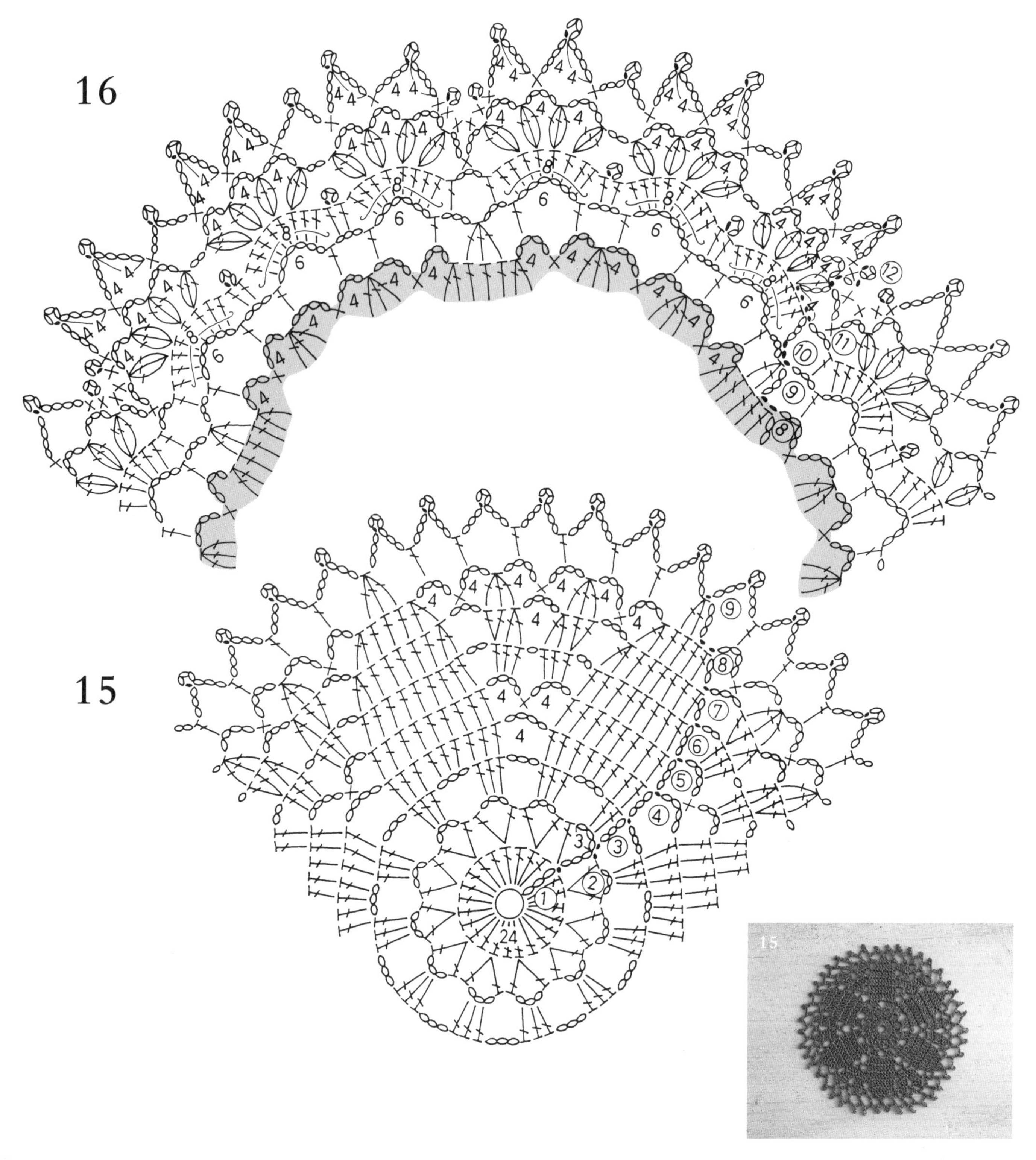

17・18 ドイリー …13ページの作品

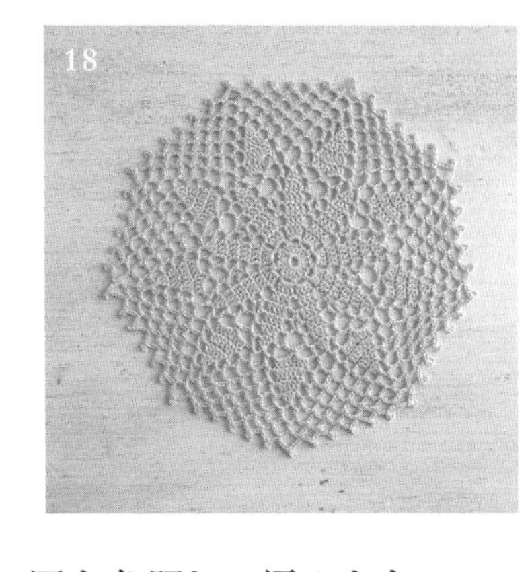

材料　17　オリムパスエミーグランデのピンク（104）を9g
　　　18　オリムパスエミーグランデの薄ピンク（102）を15g

用具　クロバー0号レース針

サイズ　17　直径14.5㎝
　　　　18　直径23㎝

編み方　17　図を参照して編みます。
　　　　18　17の図を参照して8段めまで編みます。9段めからは18の図を参照して編みます。

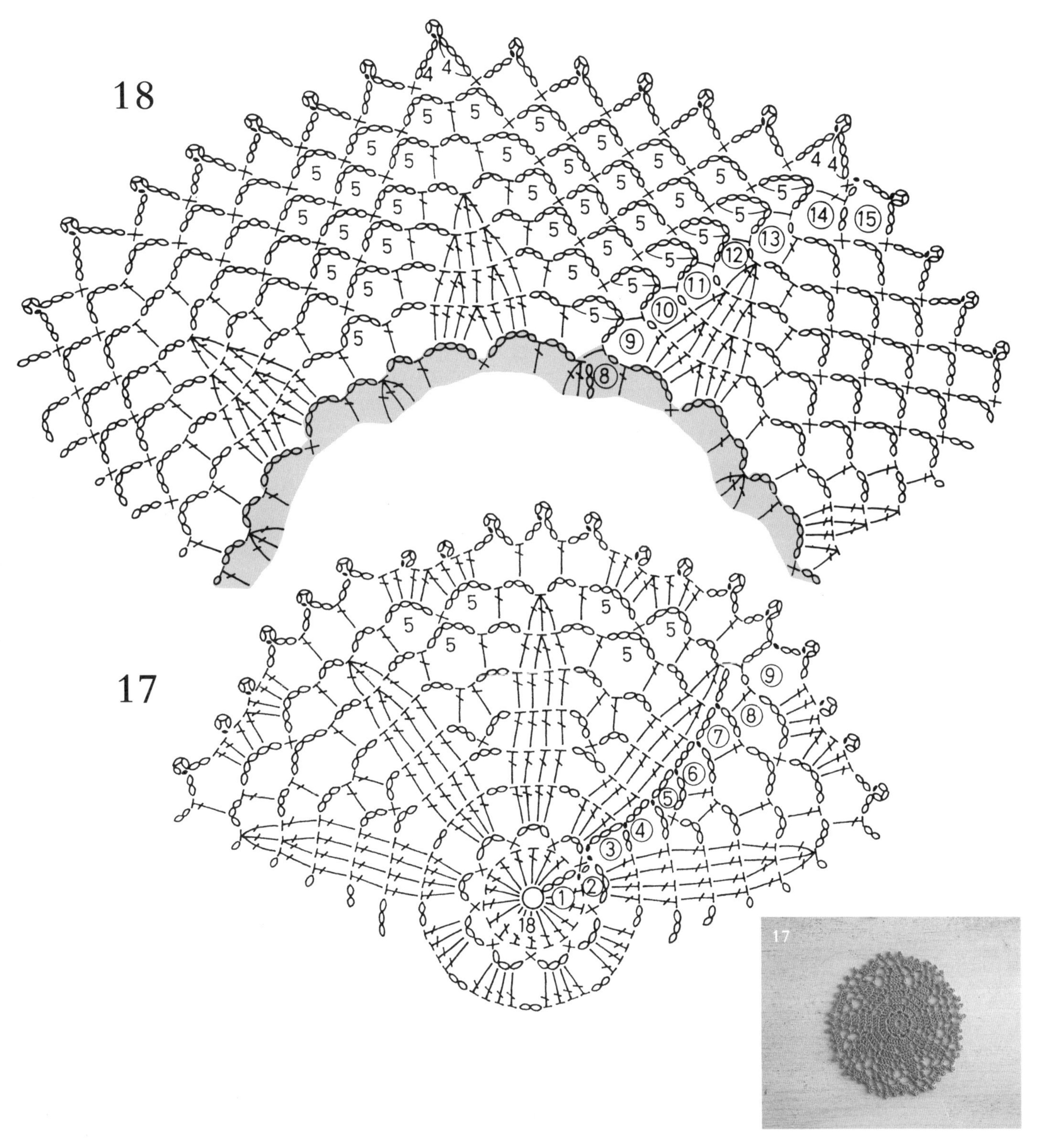

20 ドイリー …14ページの作品

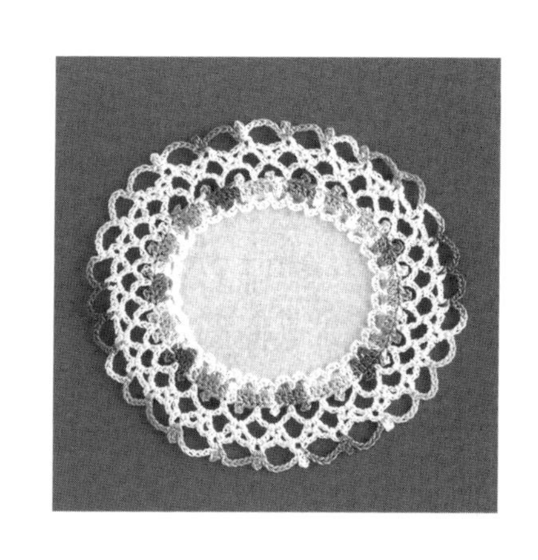

材料　オリムパス金票40番レース糸の白（801）を2g、
　　　ミックス（M7）を2g、麻布の白を11×10 cm

用具　クロバー8号レース針

サイズ　10.5×9.5 cm　エジング幅2.5 cm

編み方　図を参照して編みます。
　　　レース編みの基礎「糸をつける・糸を切る」「エジング」参照。

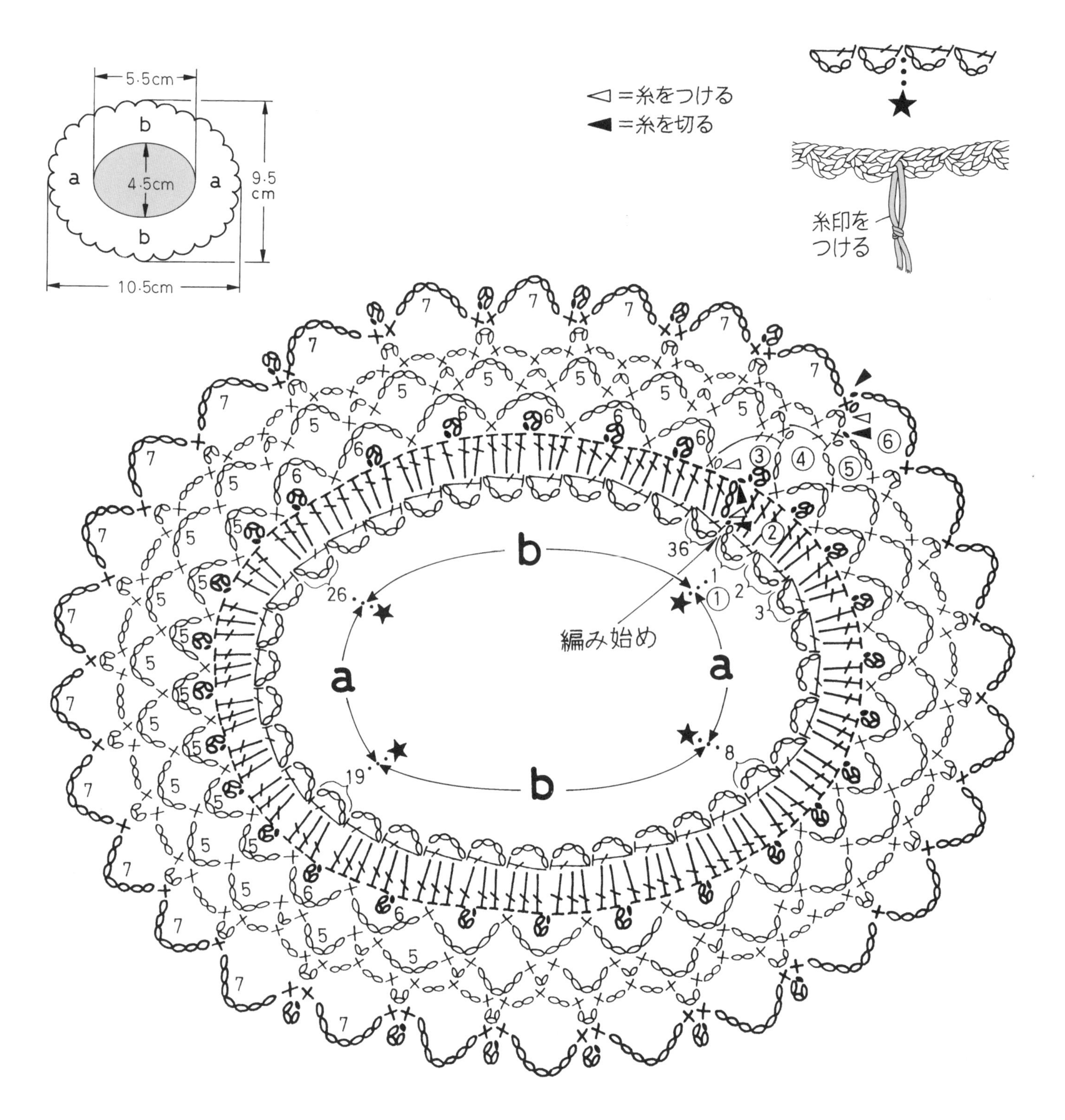

19 ドイリー …14ページの作品

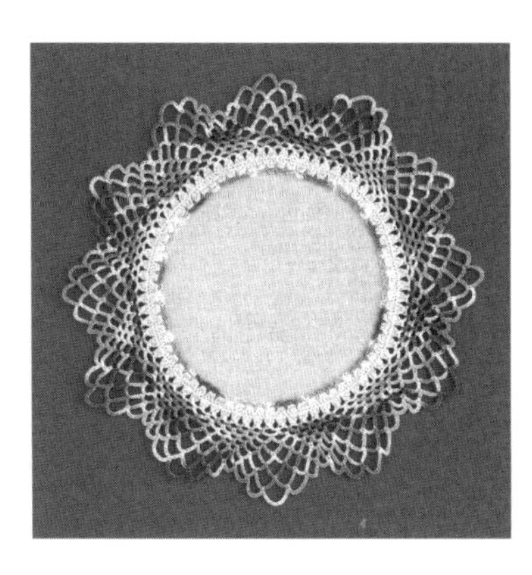

材料　オリムパス金票40番レース糸の白（801）を3g、
　　　ミックス（M7）を5g、麻布の白を17×17cm

用具　クロバー8号レース針

サイズ　直径20.5cm　エジング幅5cm

編み方　図を参照して編みます。
　　　レース編みの基礎「糸をつける・糸を切る」「エジング」参照。

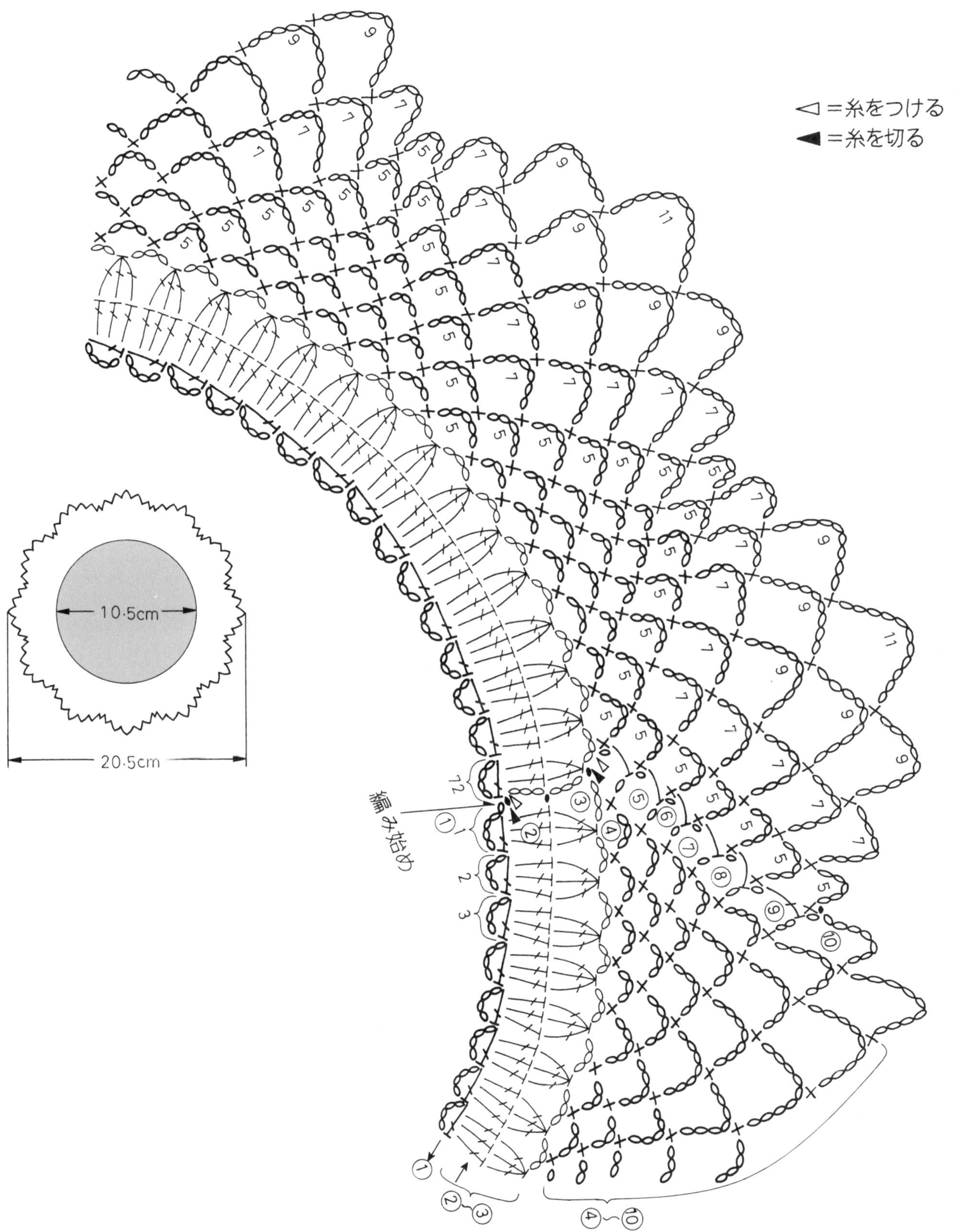

21・22・23・24 ドイリー …15ページの作品

材料　オリムパス金票40番レース糸の白（801）を
21 2g　**22** 3g　**23** 1g　**24** 2g
ミックス（M7）を **21** 1g　**22** 1g　**23** 2g　**24** 2g

用具　クロバー8号レース針

サイズ　**21** 7×6㎝　**22** 9×8㎝　**23** 直径6㎝　**24** 直径7㎝

編み方　図を参照して編みます。
レース編みの基礎「糸をつける・糸を切る」参照。

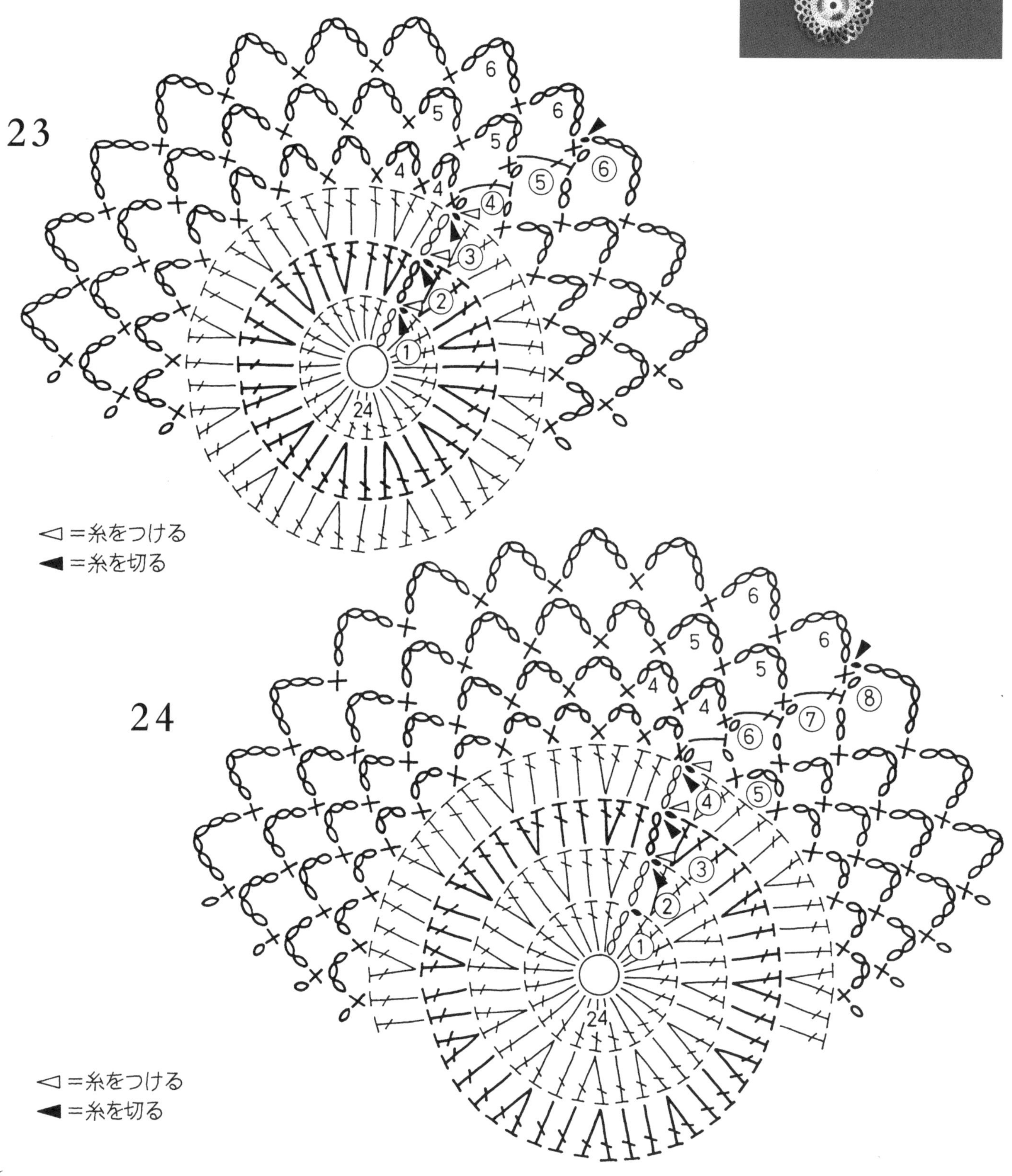

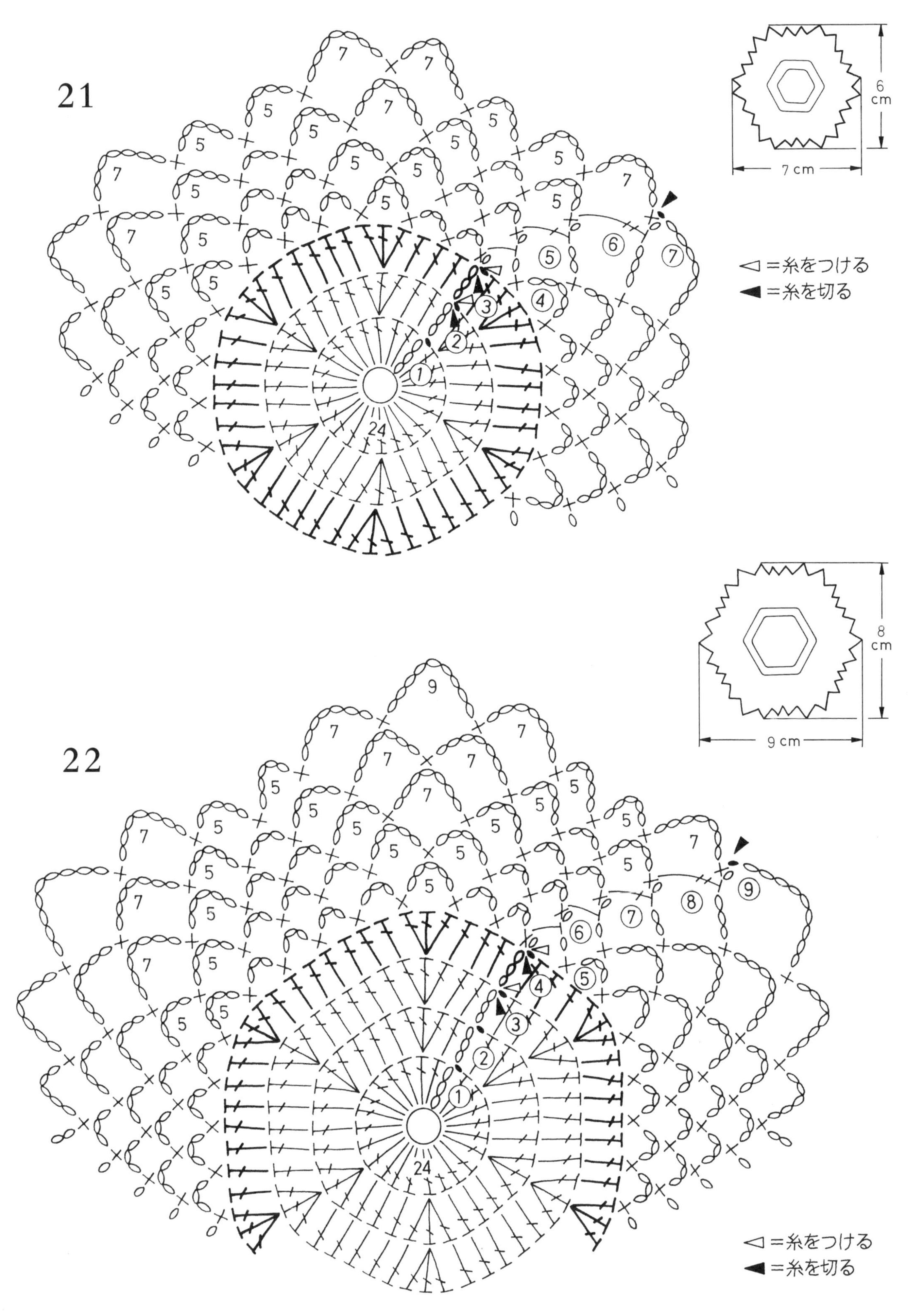
21
6 cm
7 cm
◁＝糸をつける
◀＝糸を切る
22
8 cm
9 cm
◁＝糸をつける
◀＝糸を切る

25・26・27 ドイリー …16・17 ページの作品

材料　**25**　オリムパスエミーグランデのミックス（M2）を 13g、麻布の白を 35×22 cm
　　　26・27　オリムパスエミーグランデのかすり（11）を **26** 7g　**27** 11g、
　　　麻布の白を **26** 12×12 cm　**27** 24×16 cm
用具　クロバー 0 号レース針
サイズ　**25**　31×24 cm　エジング幅 4 cm
　　　26　直径 14 cm　エジング幅 4 cm
　　　27　26×18 cm　エジング幅 4 cm
編み方　図を参照して編みます。レース編みの基礎「エジング」参照。

26

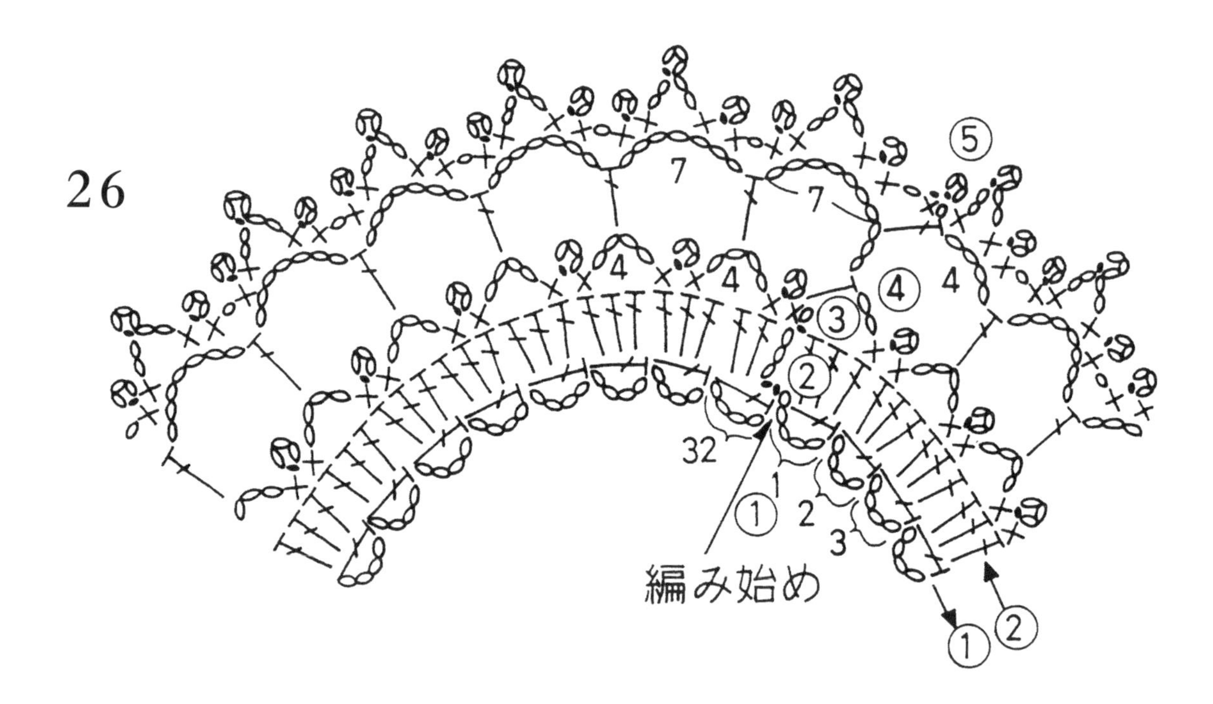

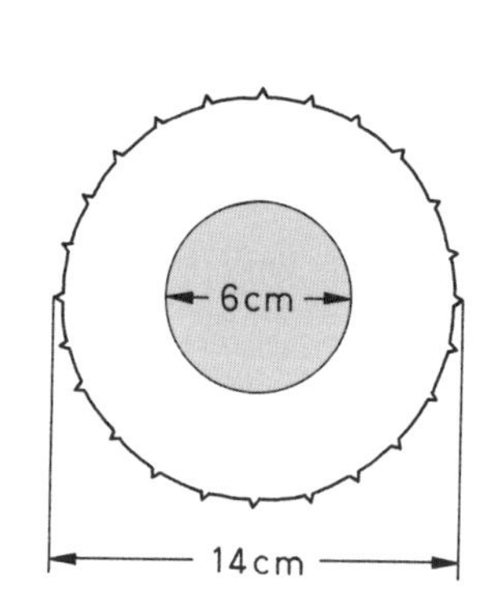

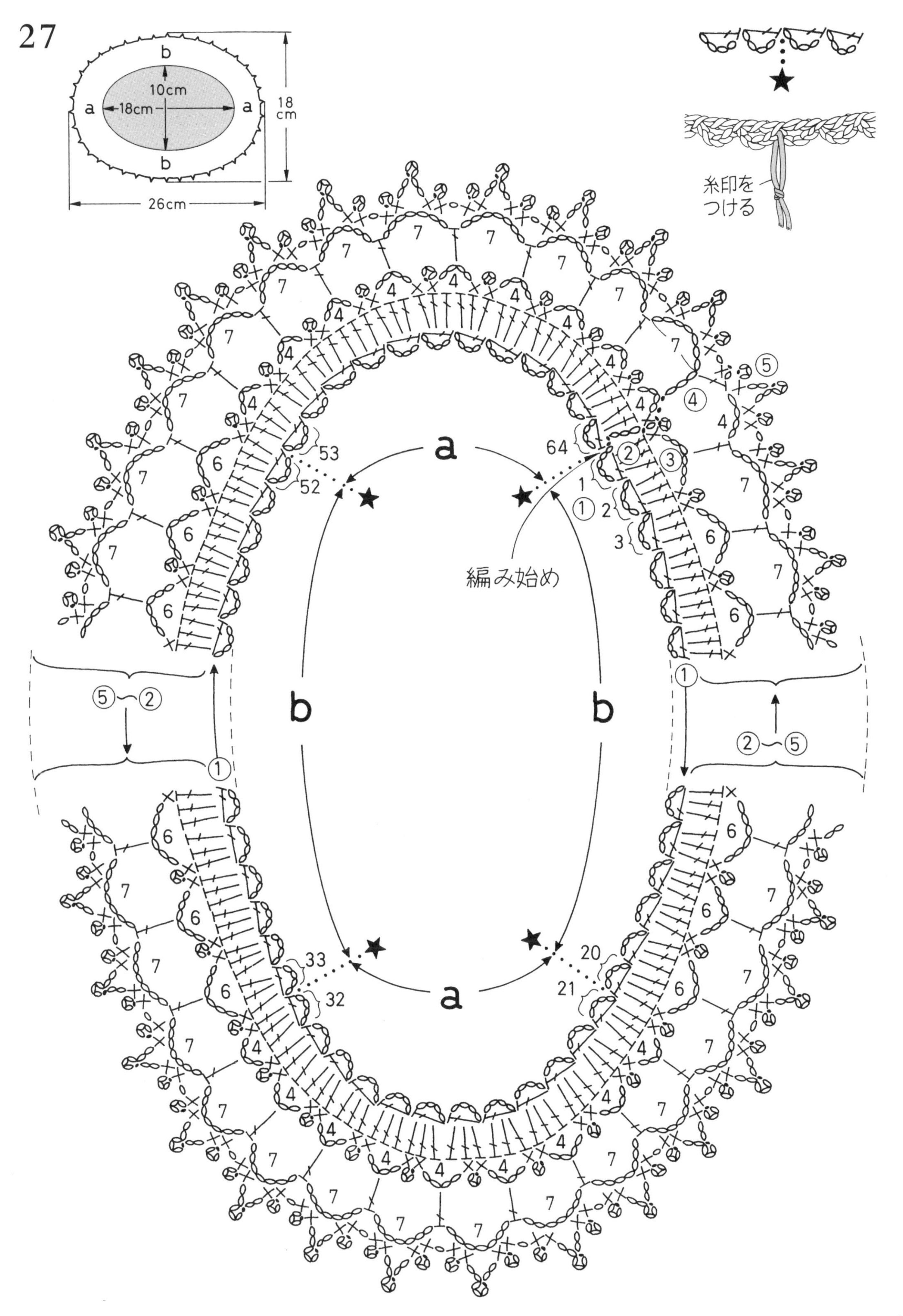
27
b
10cm
a
18cm
a
18
cm
b
26cm
糸印を
つける
a
53
52
64
1
2
3
編み始め
b
b
⑤〜②
①
①
②〜⑤
33
32
20
21
a

25

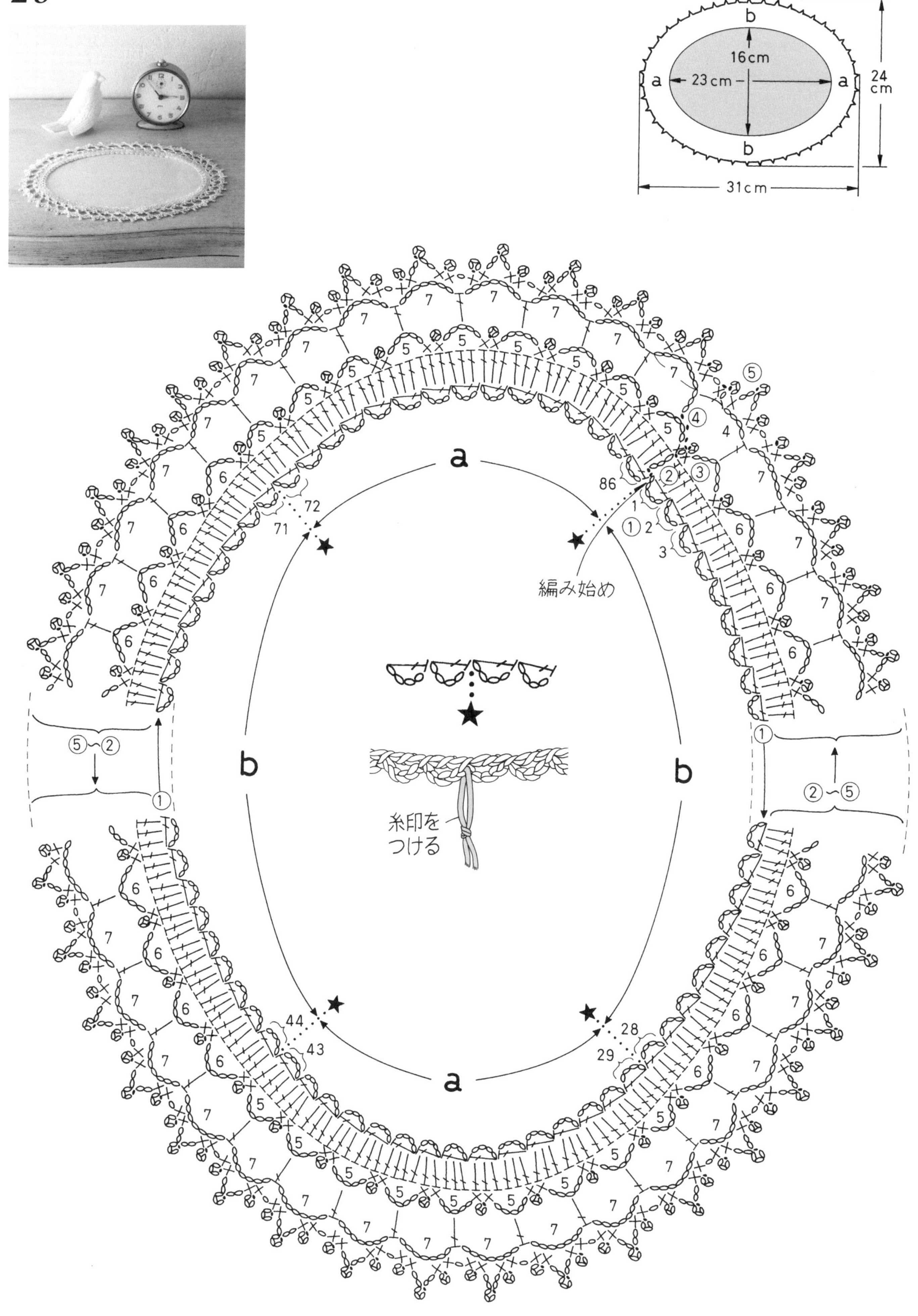

b
16cm
a
23cm
a
24 cm
b
31cm
a
b
b
a
編み始め
72
71
86
28
29
44
43
糸印を
つける
⑤～②
②～⑤

35 ドイリー …22ページの作品

材料　オリムパスエミーグランデの白（801）を8g、薄ピンク（102）を7g

用具　クロバー0号レース針

サイズ　18×17.5㎝

編み方　図を参照して編みます。レース編みの基礎「モチーフ」参照。

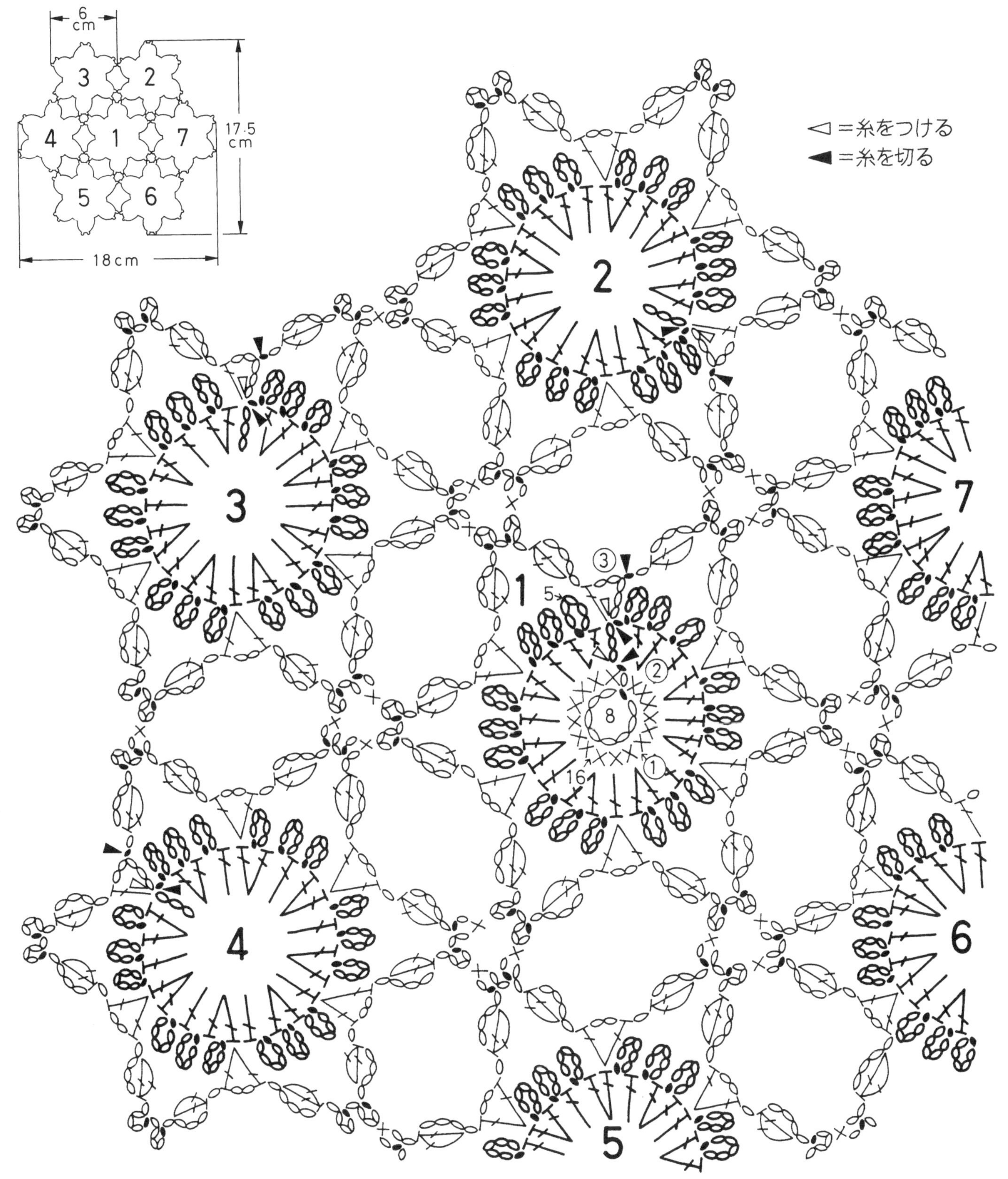

36 ドイリー …23ページの作品

材料　オリムパスエミーグランデの白（801）を25g

用具　クロバー0号レース針

サイズ　30×28㎝

編み方　図を参照して編みます。レース編みの基礎「モチーフ」参照。

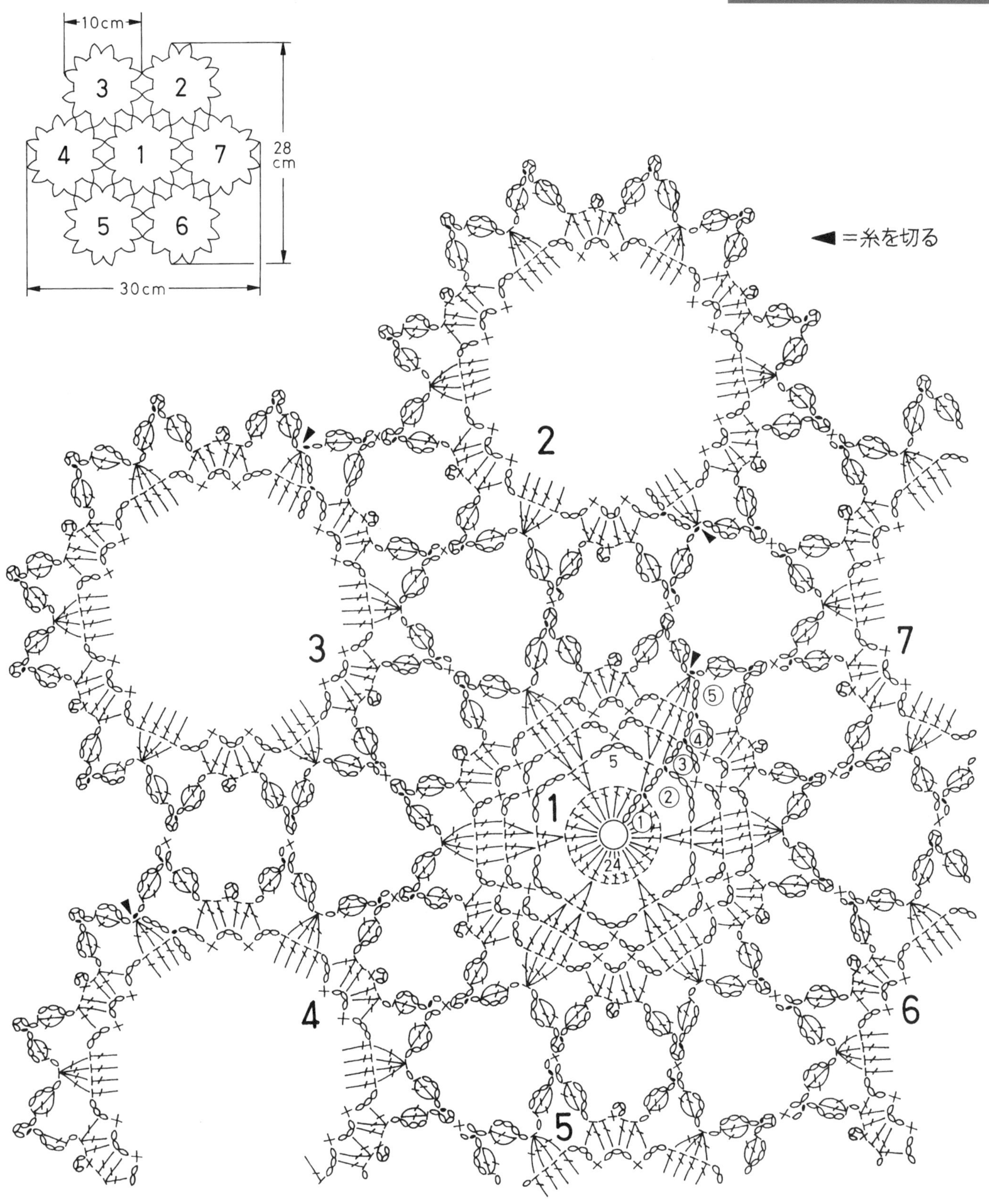

37 ドイリー …24ページの作品

材料　オリムパスエミーグランデの白（801）を41g、
　　　麻布の白を18×18 cm

用具　クロバー0号レース針

サイズ　直径36 cm　エジング幅12 cm

編み方　図を参照して編みます。レース編みの基礎「エジング」参照。

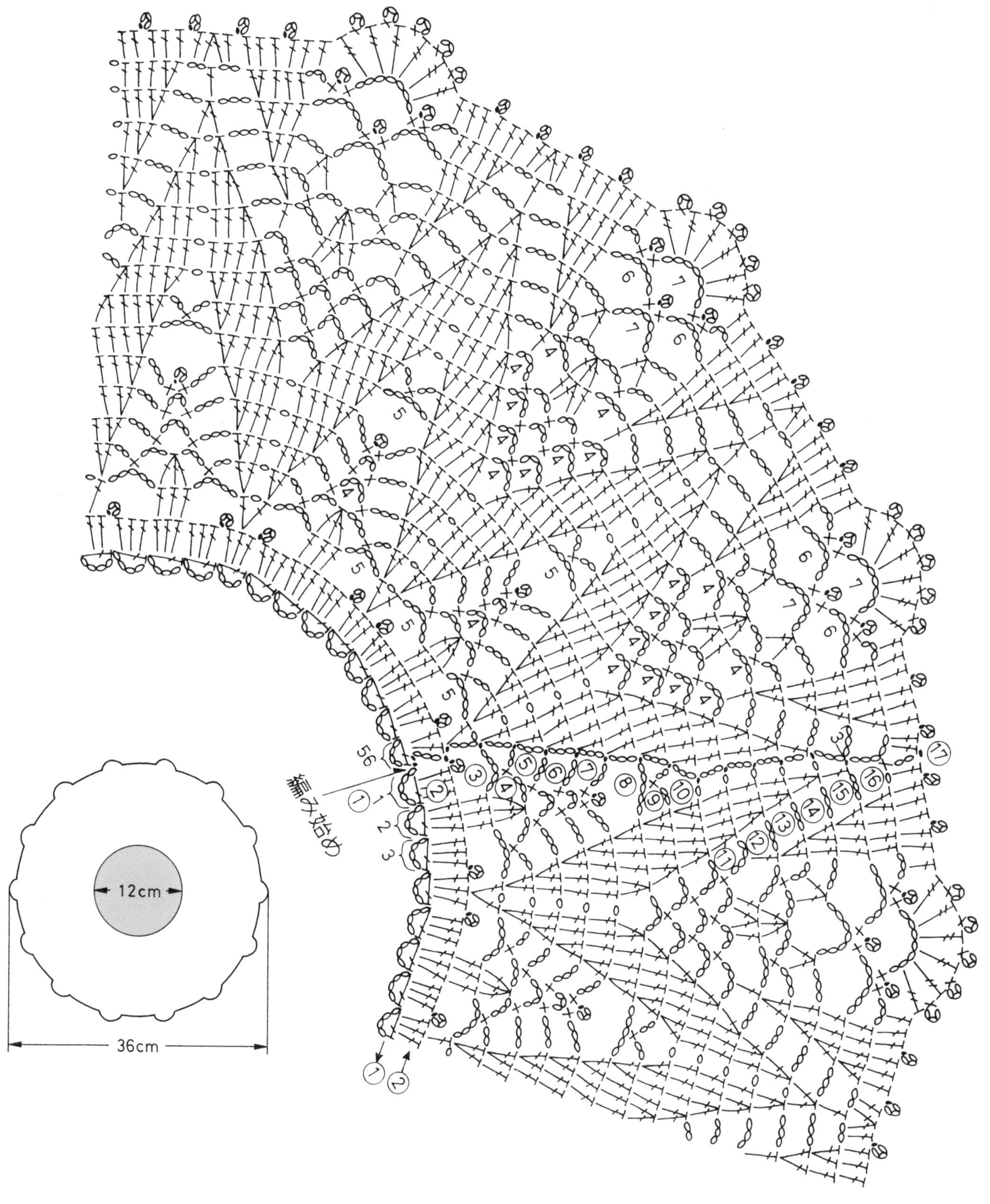

38 テーブルセンター …25ページの作品

材料　オリムパスエミーグランデのベージュ（810）を51g、
　　　麻布のベージュを64×36 cm

用具　クロバー0号レース針

サイズ　71×43 cm　エジング幅6.5 cm

編み方　図を参照して編みます。レース編みの基礎「エジング」参照。

38

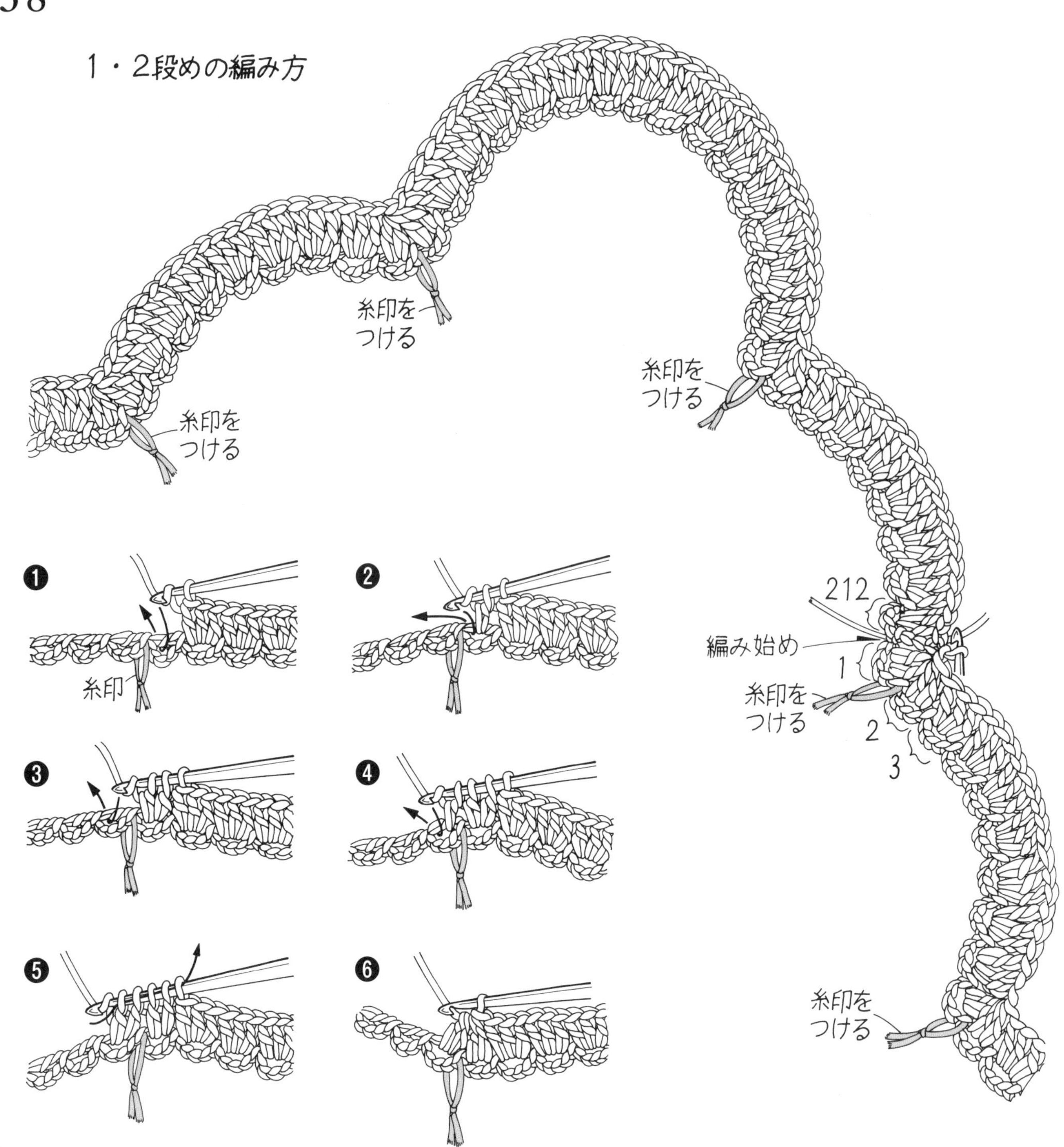

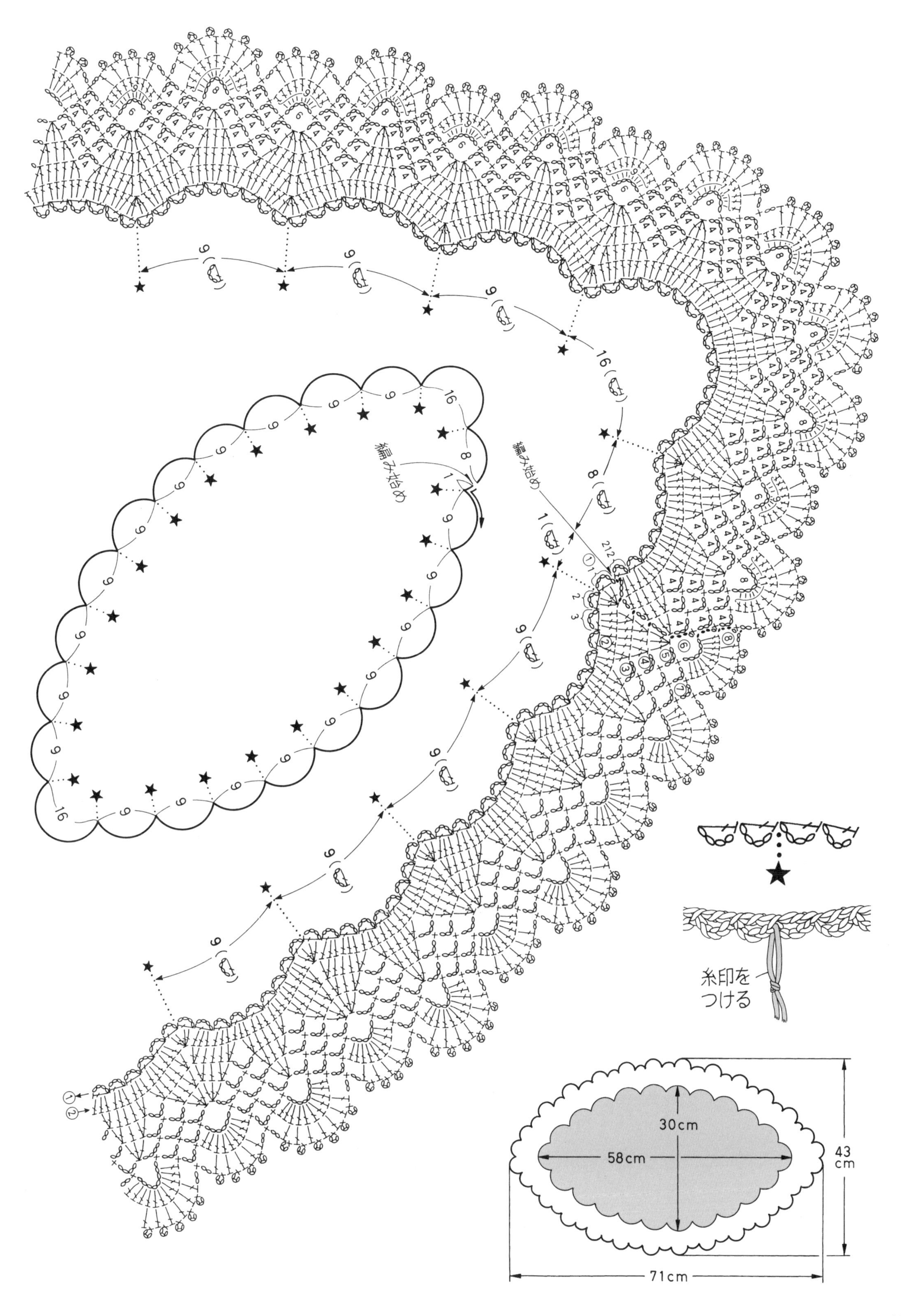

編み始め
編み始め
糸印をつける
30cm
58cm
43cm
71cm

31・32 ドイリー …20ページの作品

材料　オリムパスエミーグランデのベージュ（810）を **31** 13g　**32** 25g

用具　クロバー０号レース針

サイズ　**31**　21×17㎝

32　35×18㎝

編み方　図を参照して編みます。**32** はレース編みの基礎「モチーフ」参照。

31

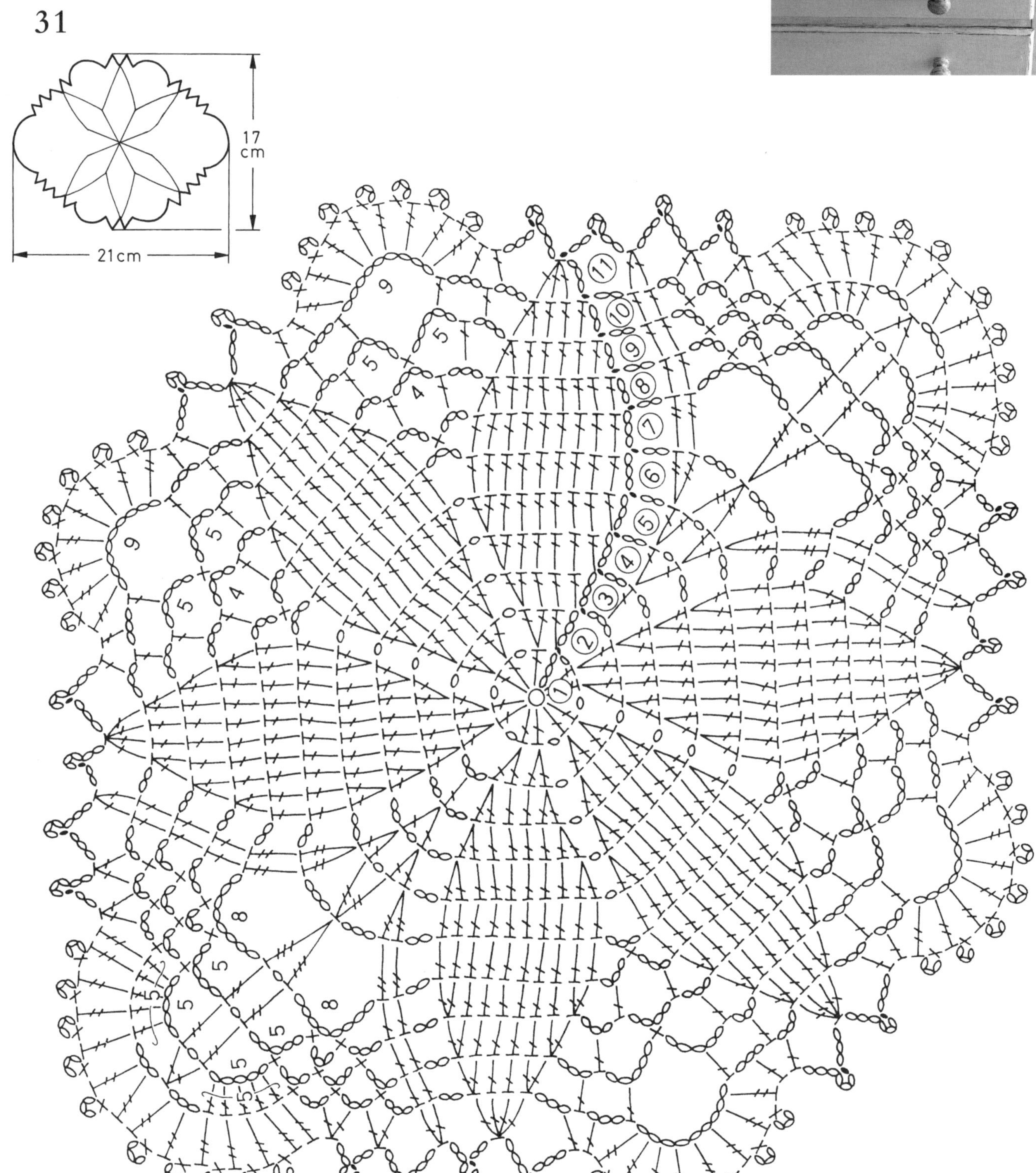

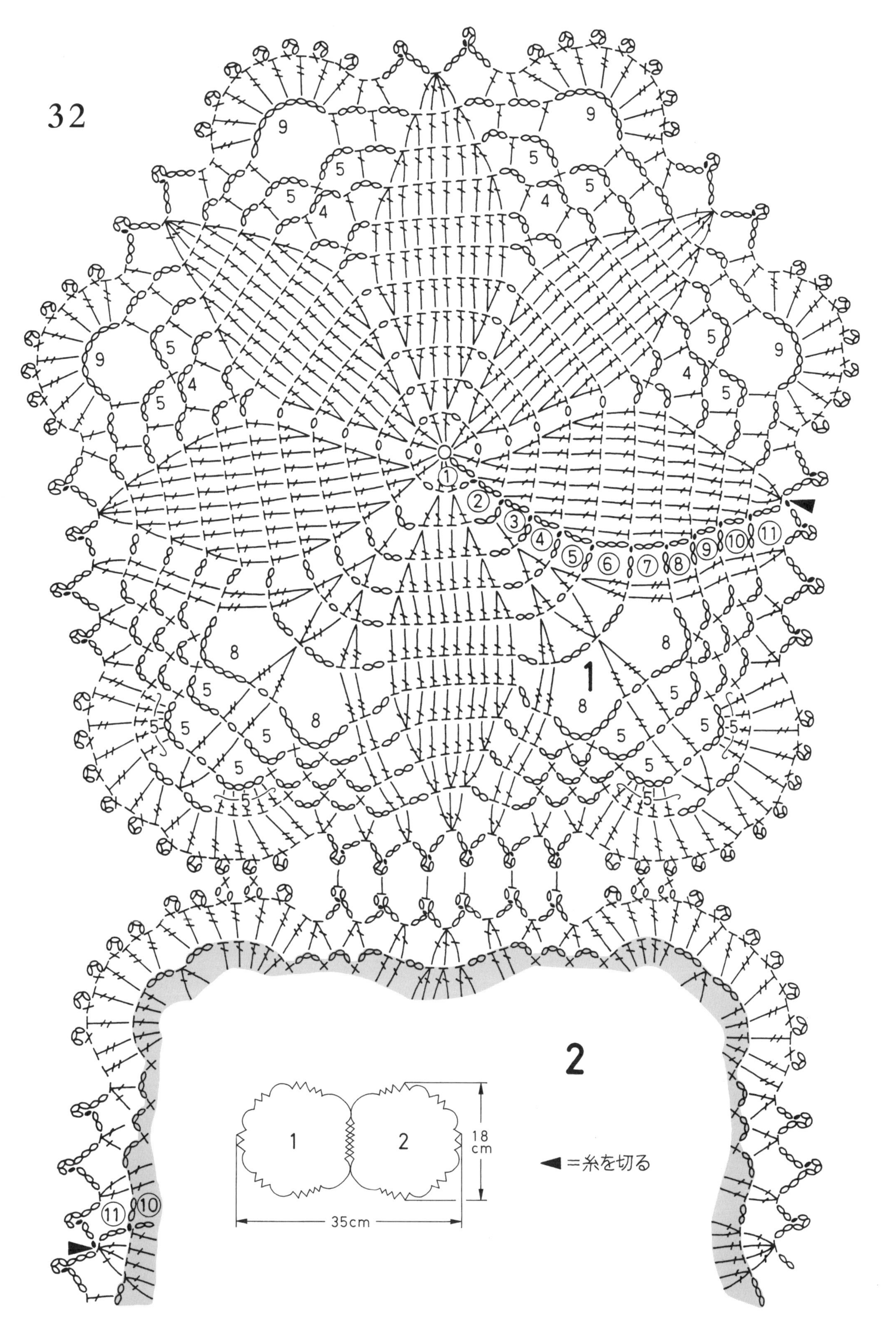
32
1
2
1
2
18
cm
35cm
◀＝糸を切る

33・34 ドイリー …21ページの作品

材料　オリムパスエミーグランデの白（801）を 33 7g　34 10g

用具　クロバー 0 号レース針

サイズ　33　14.5×13 cm

　　　　34　22×14.5 cm

編み方　図を参照して編みます。34 はレース編みの基礎「モチーフ」参照。

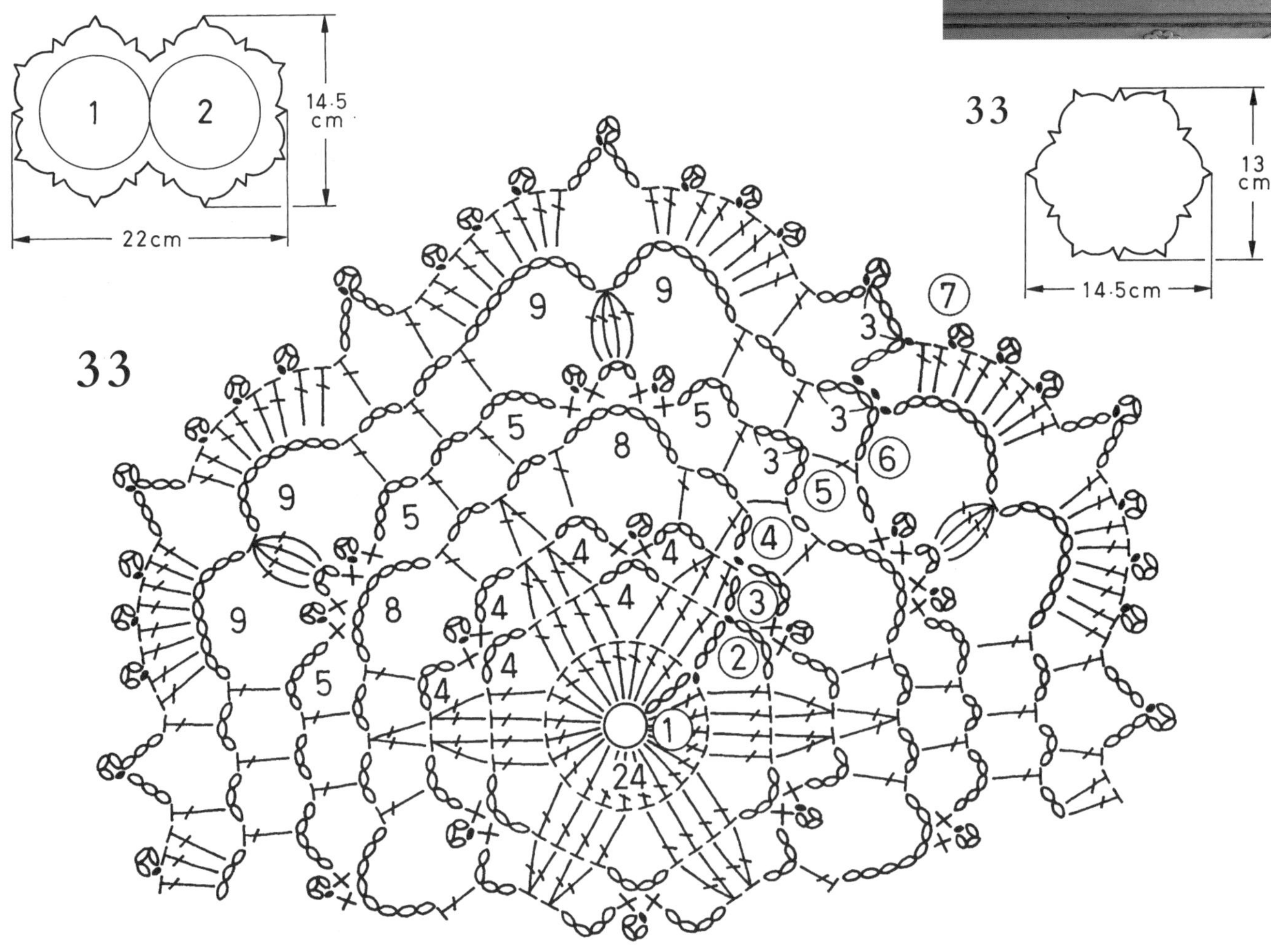

糸を結ぶ　糸と糸を結んでから編む場合はこのように結ぶ

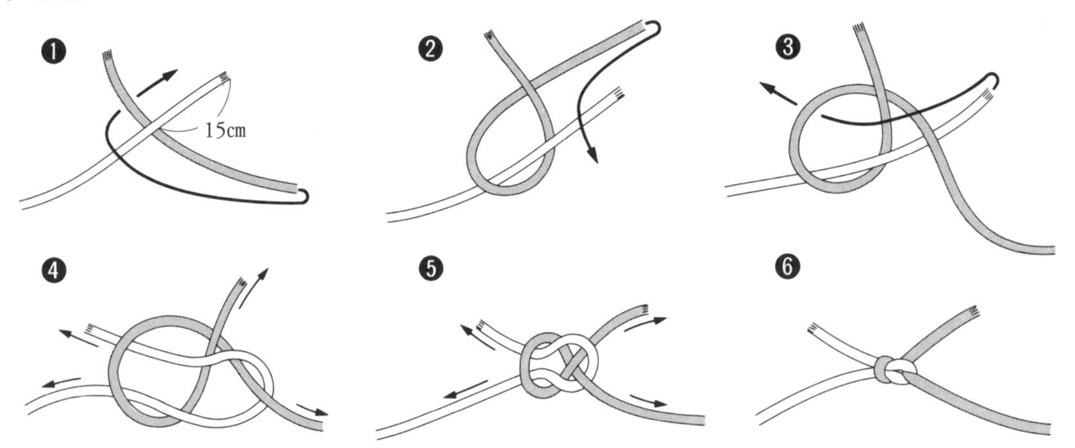

34

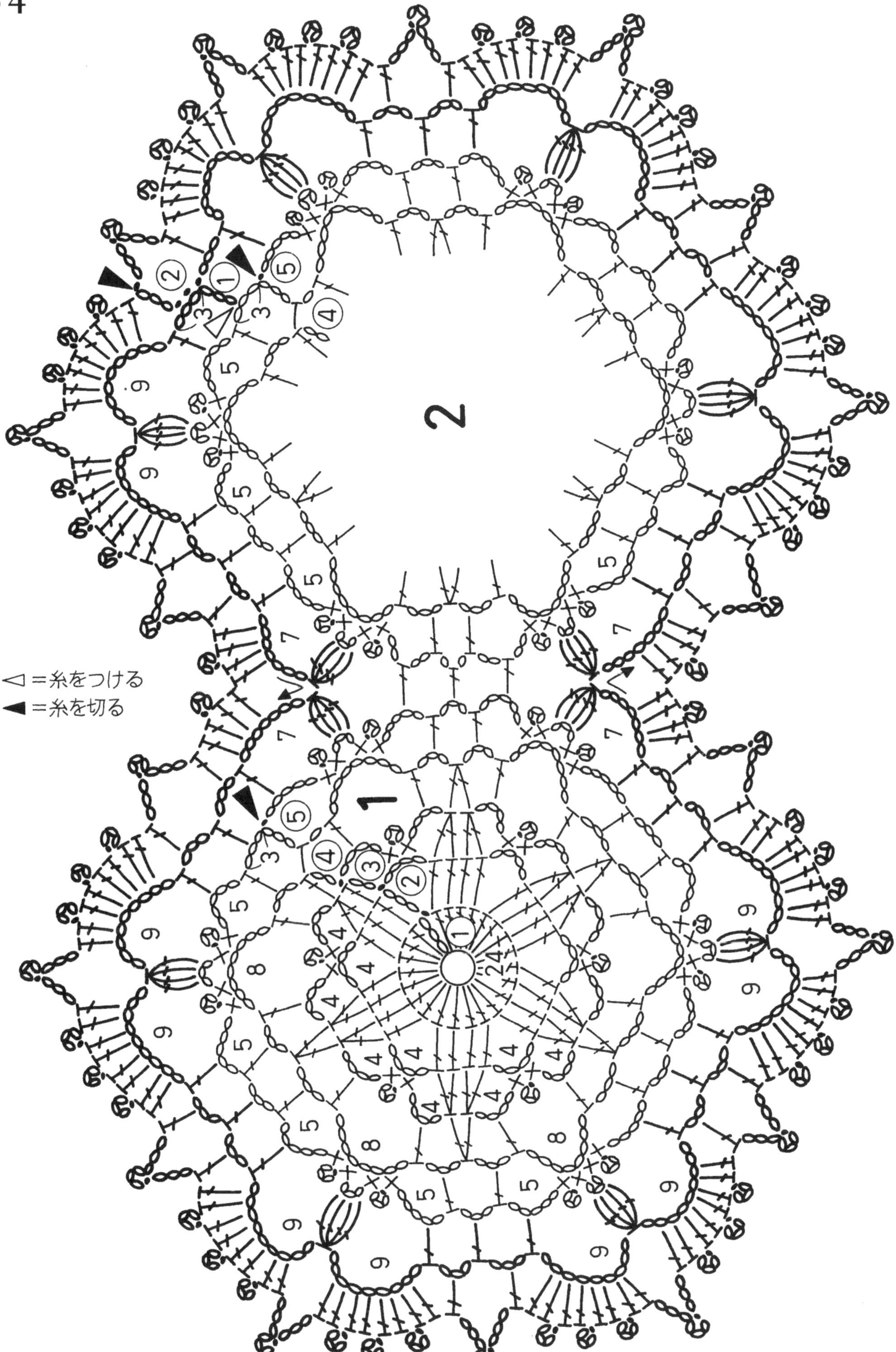

◁＝糸をつける
◀＝糸を切る

39・40 テーブルセンター …26・27ページの作品

材料　オリムパスエミーグランデの白（801）を39 115g　40 53g、麻布の白を39 52×52㎝　40 21×21㎝

用具　クロバー0号レース針

サイズ　39　72×72㎝　エジング幅13㎝

40　41×41㎝　エジング幅13㎝

編み方　図を参照して編みます。レース編みの基礎「エジング」参照。

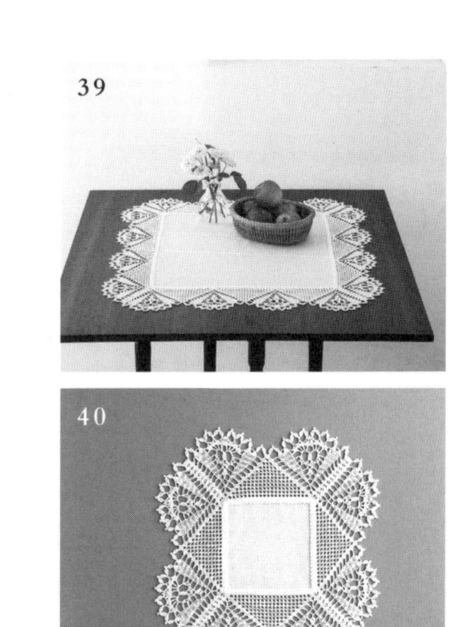

39・40

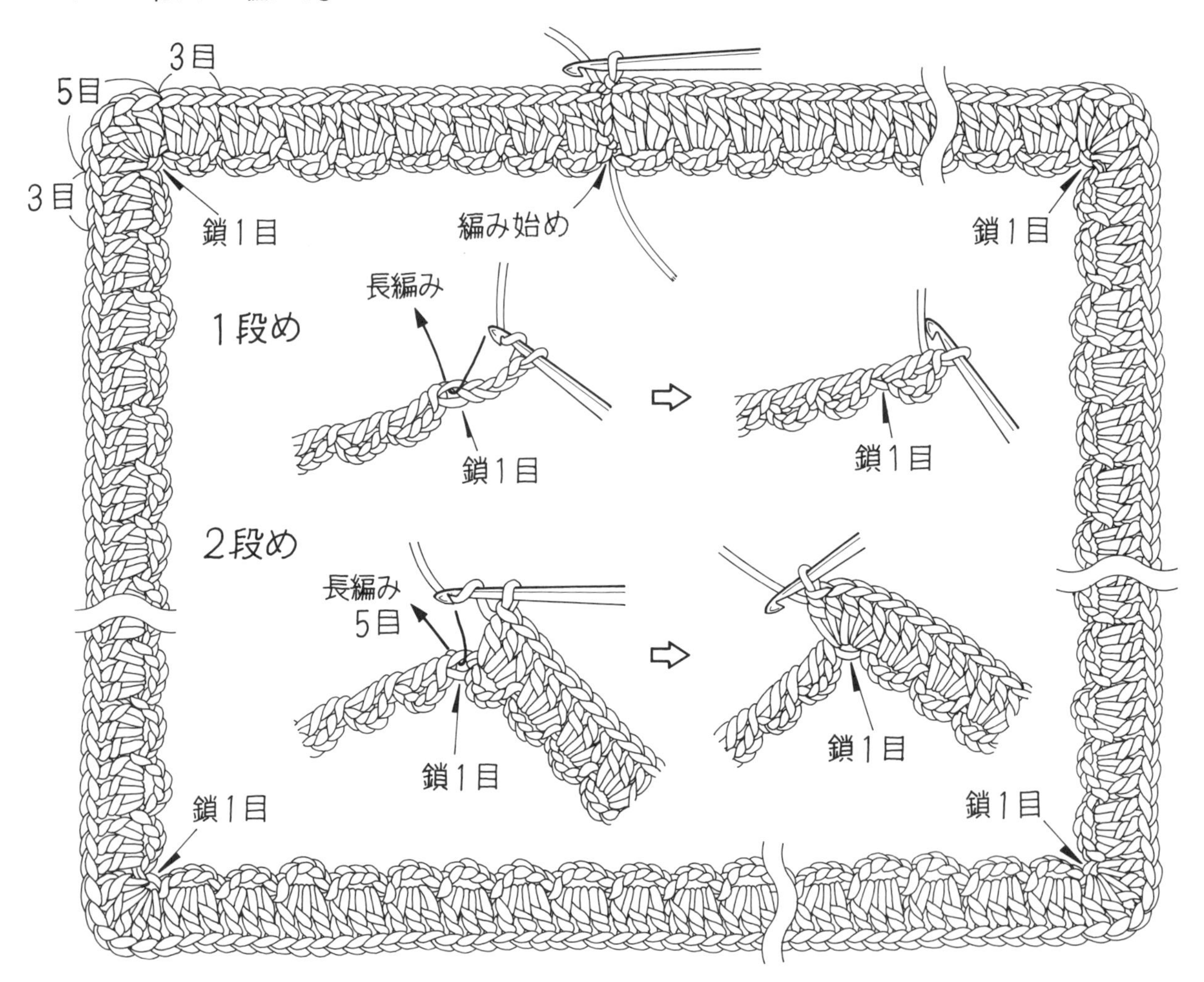

40

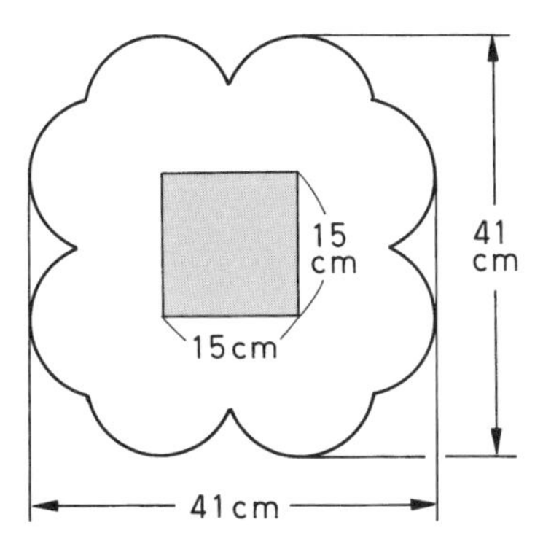

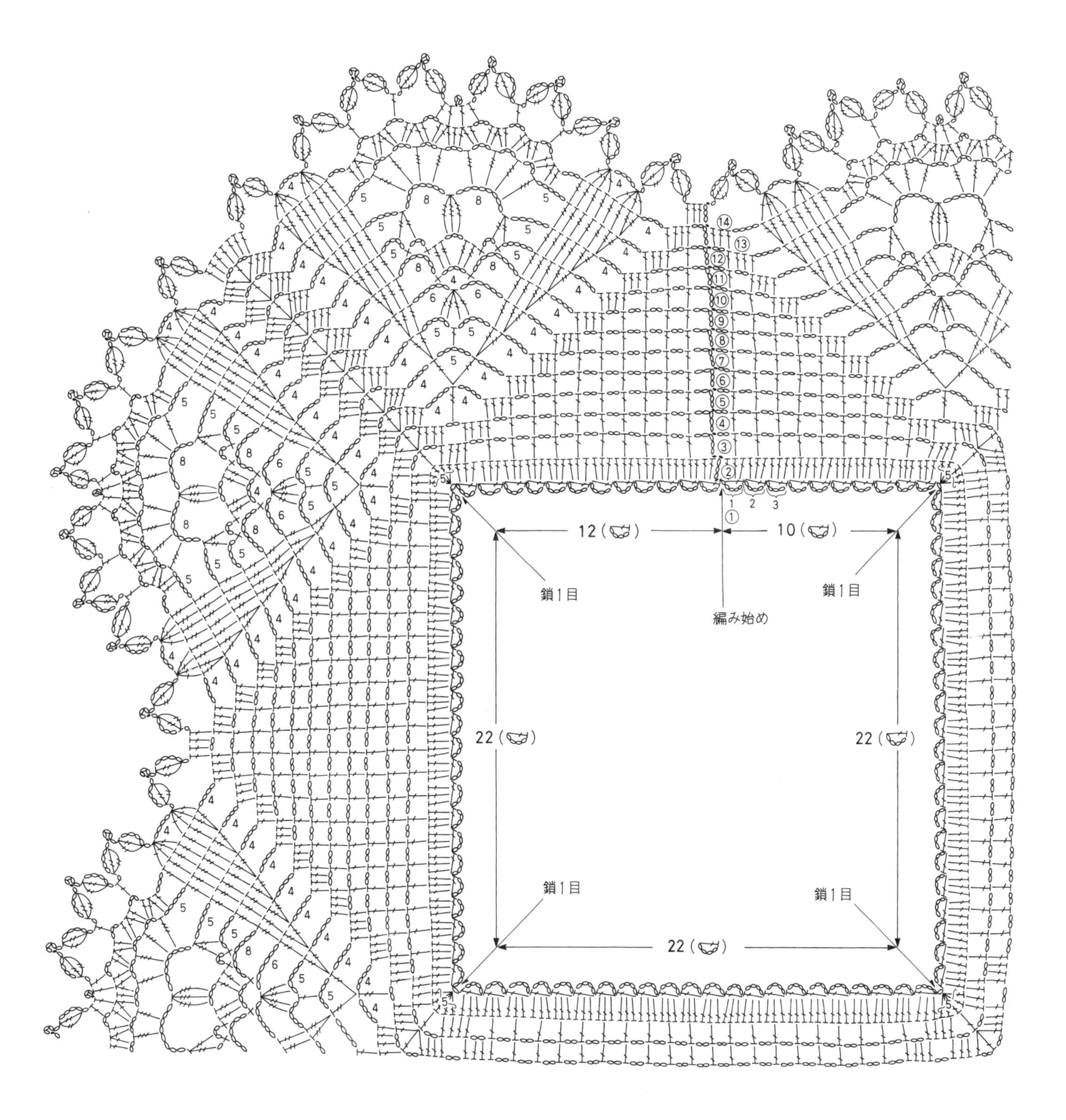

39

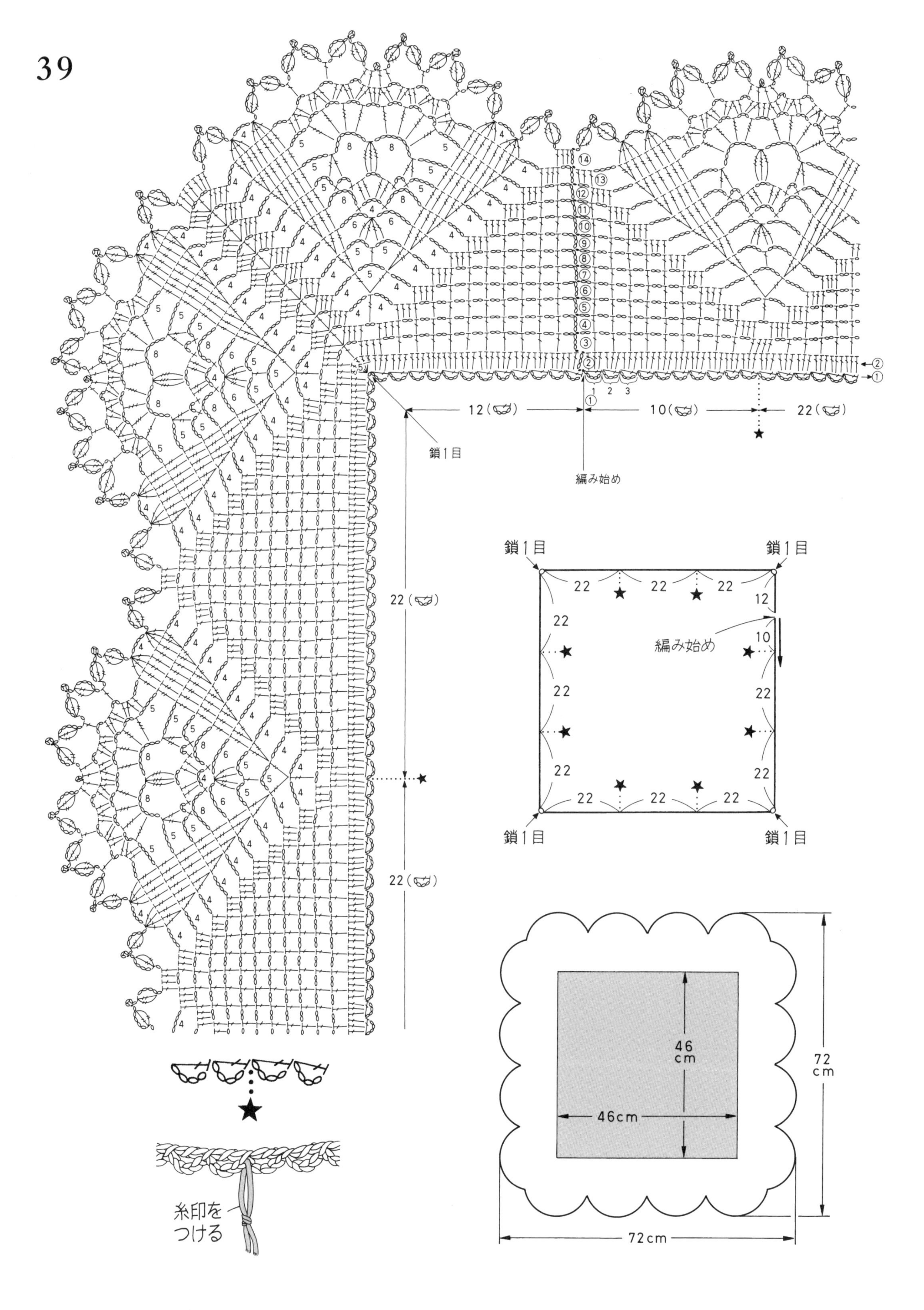

12（ ）
10（ ）
22（ ）
鎖1目
編み始め
22（ ）
22（ ）
鎖1目
鎖1目
22
22
22
12
22
編み始め
10
22
22
22
22
22
22
22
鎖1目
鎖1目
46 cm
46cm
72 cm
72cm
糸印を
つける

30 ドイリー …19ページの作品

材料　オリムパスエミーグランデのベージュ（810）を30g、麻布のベージュを23×23 ㎝

用具　クロバー０号レース針

サイズ　直径33 ㎝　エジング幅８ ㎝

編み方　図を参照して編みます。レース編みの基礎「エジング」参照。

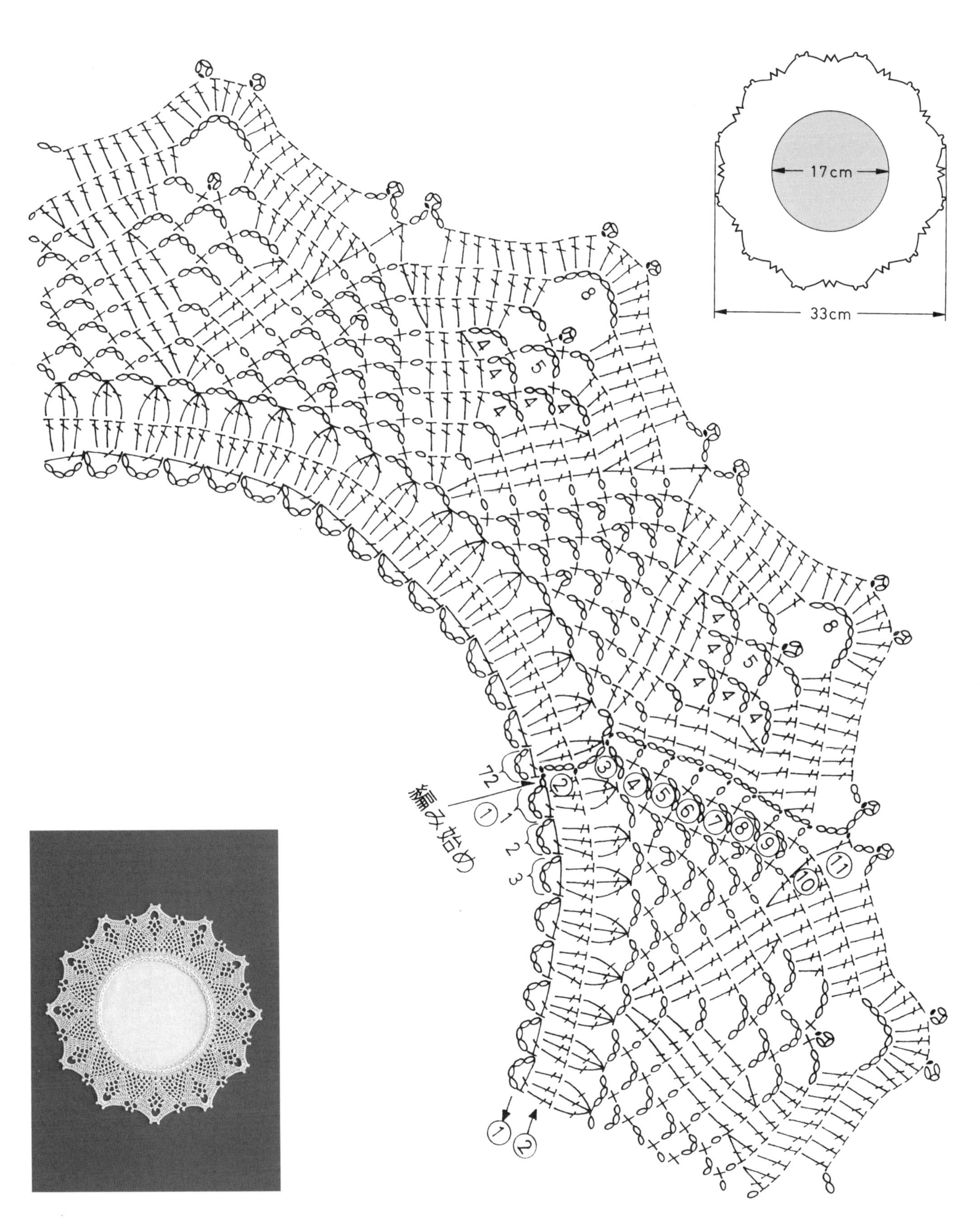

28 テーブルセンター　29 ドイリー

…18 ページの作品

材料　オリムパスエミーグランデのベージュ（810）を 28 55g　29 10g

用具　クロバー 0 号レース針

サイズ　28　42×39 cm

　　　　29　15×14 cm

編み方　図を参照して編みます。28 はレース編みの基礎「モチーフ」参照。

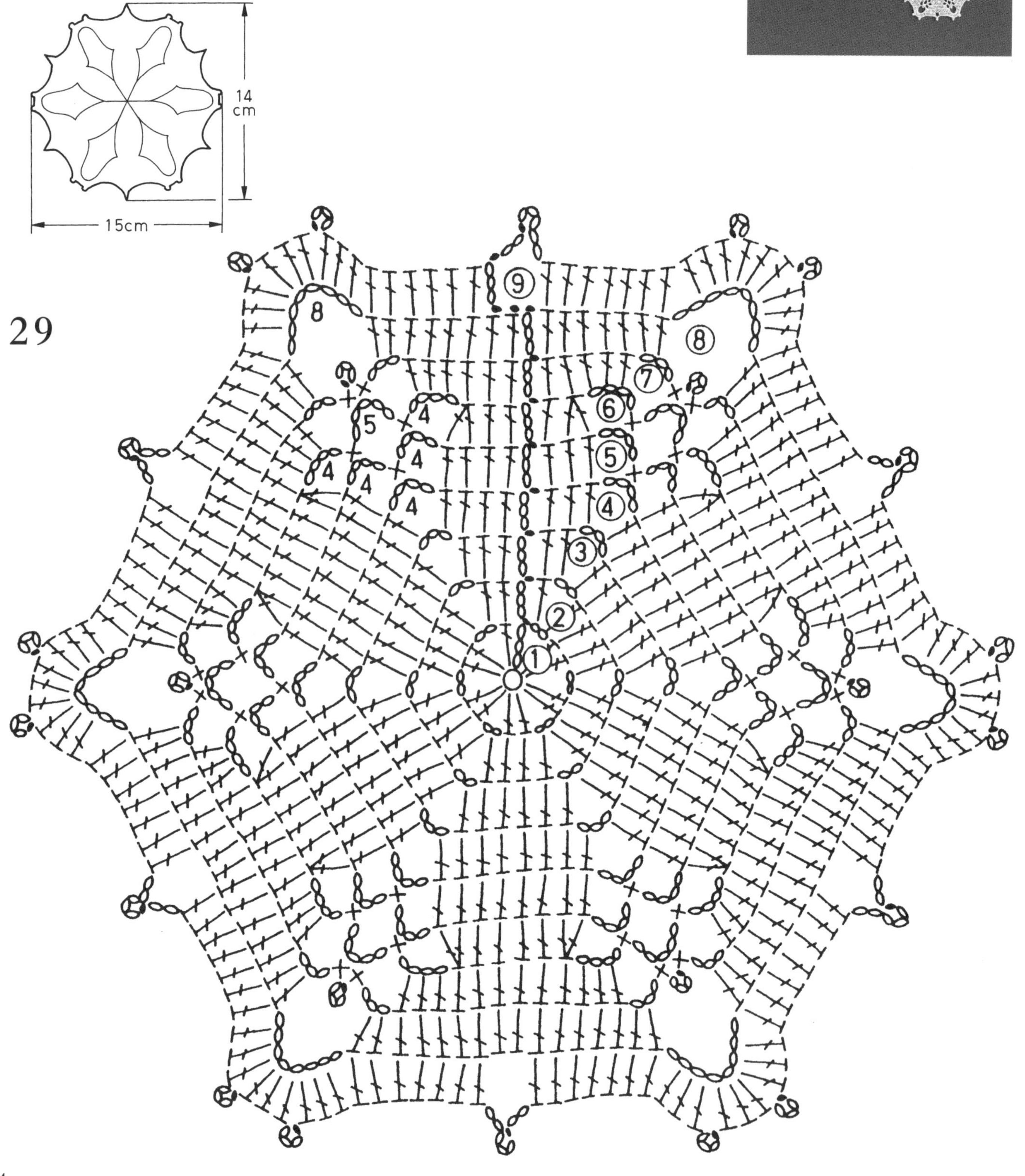

28

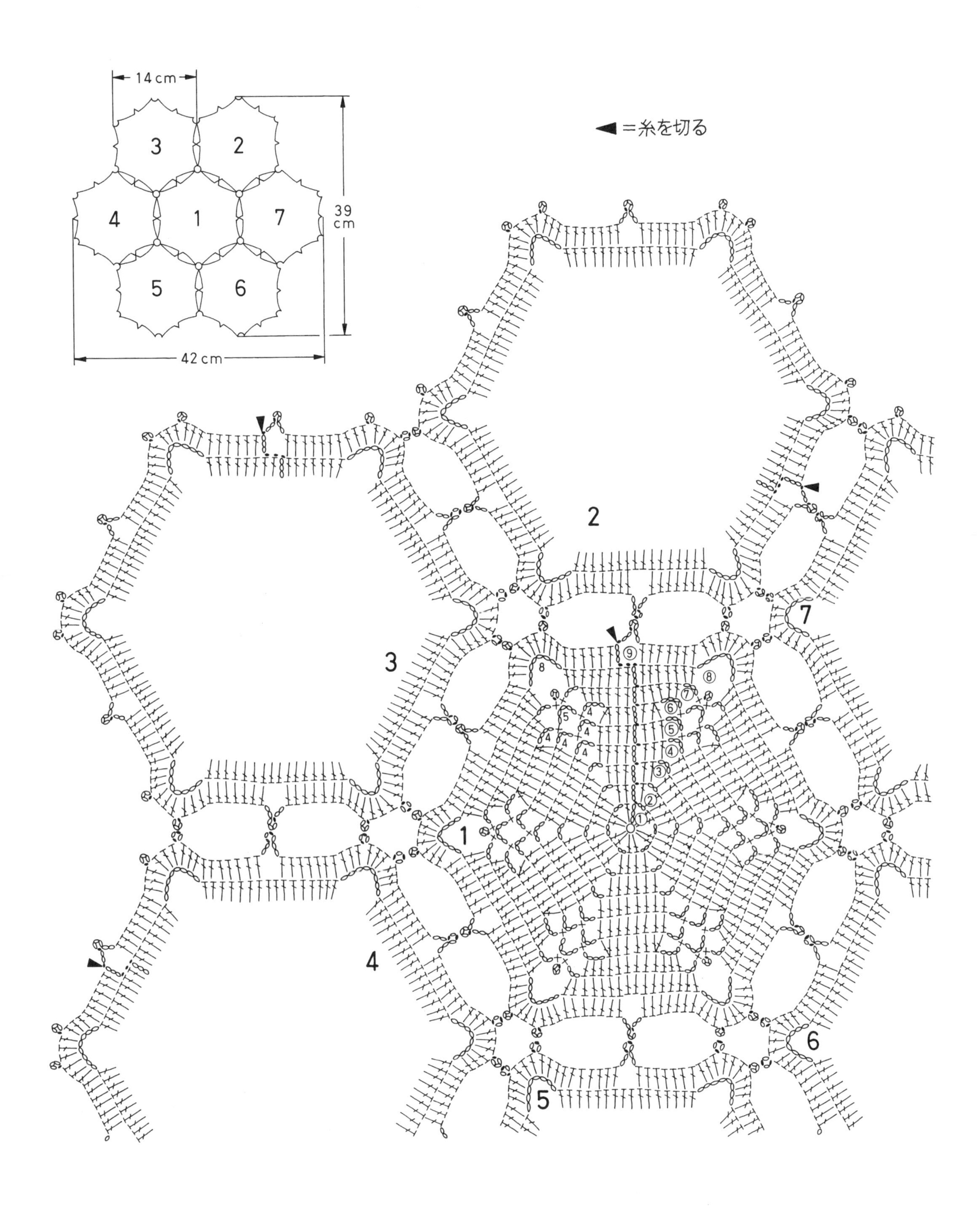

41 ドイリー
42 テーブルセンター
43 テーブルクロス

…28・29ページの作品

41

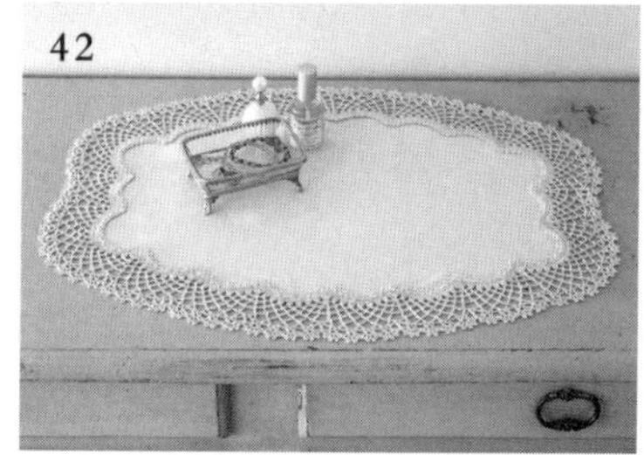
42

43

材料　オリムパスエミーグランデのベージュ（731）を
41 26g　42 50g　43 90g
麻布のベージュを
41 30×19㎝　42 54×37㎝　43 91×91㎝

用具　クロバー0号レース針

サイズ　41　39×28㎝　エジング幅7.5㎝
42　63×46㎝　エジング幅7.5㎝
43　直径100㎝　エジング幅7.5㎝

編み方　図を参照して編みます。レース編みの基礎「エジング」参照。

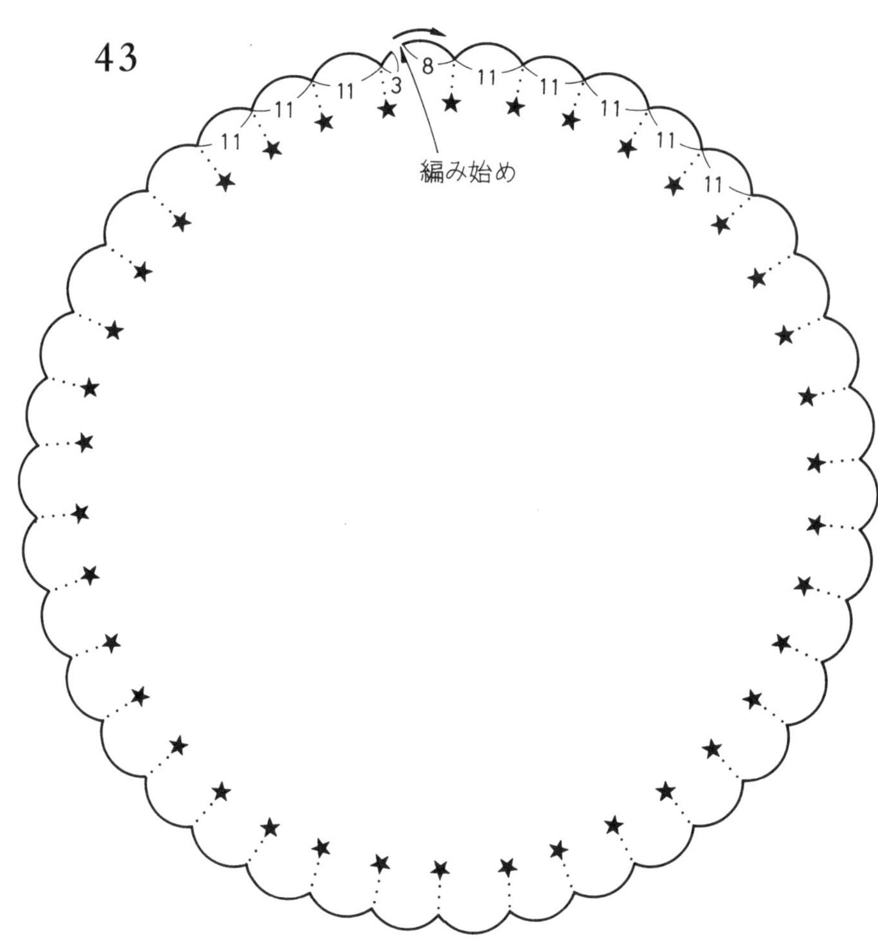

43

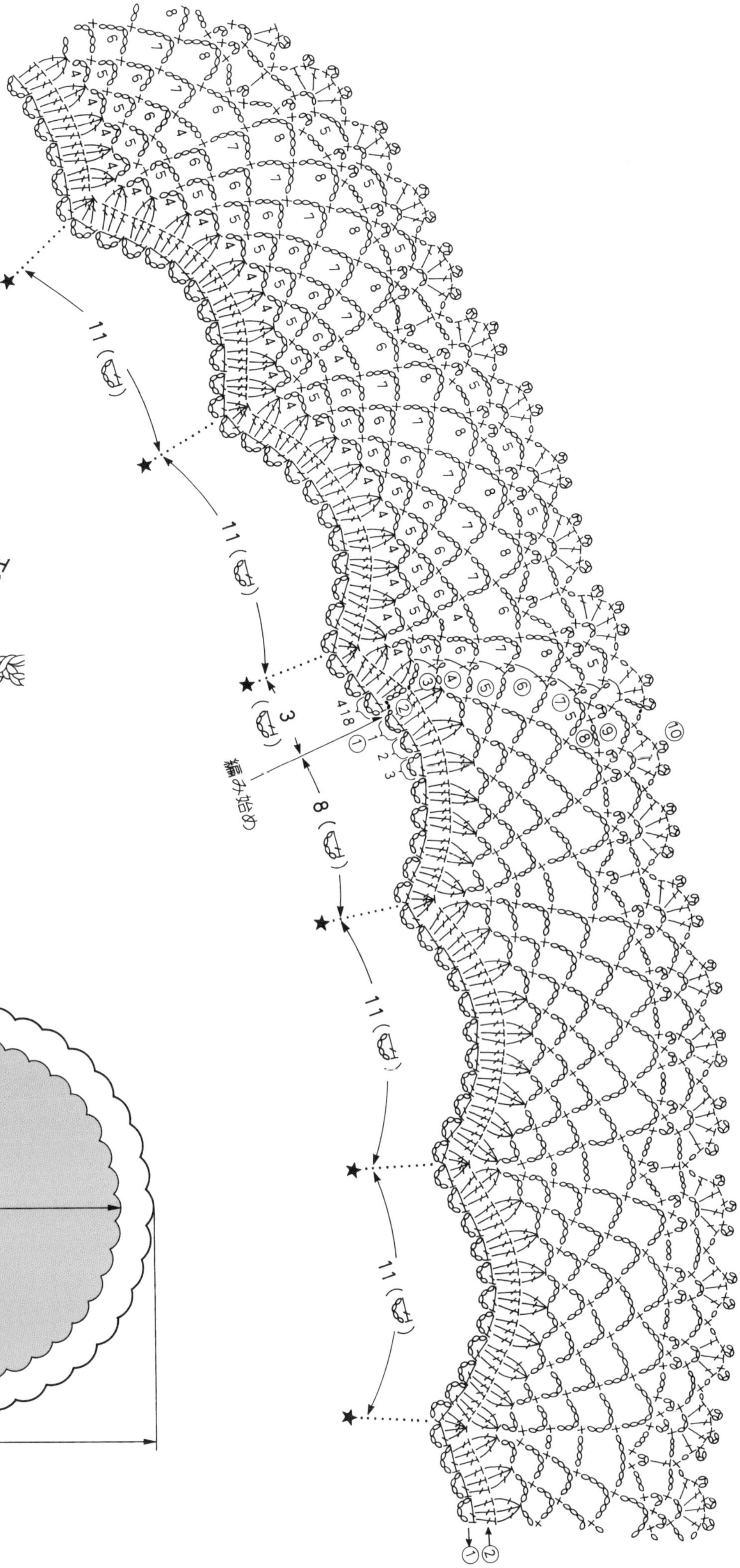

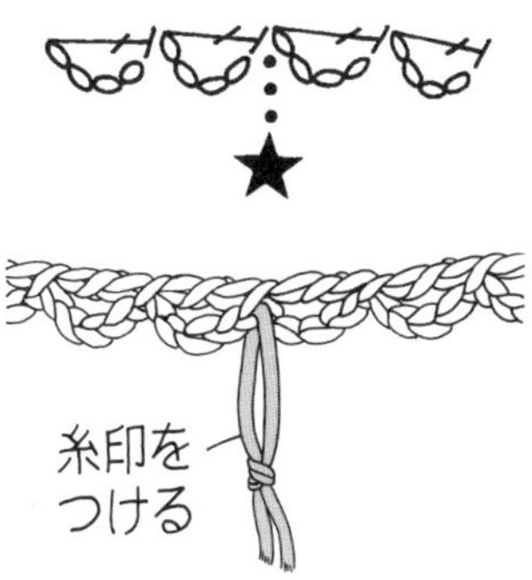

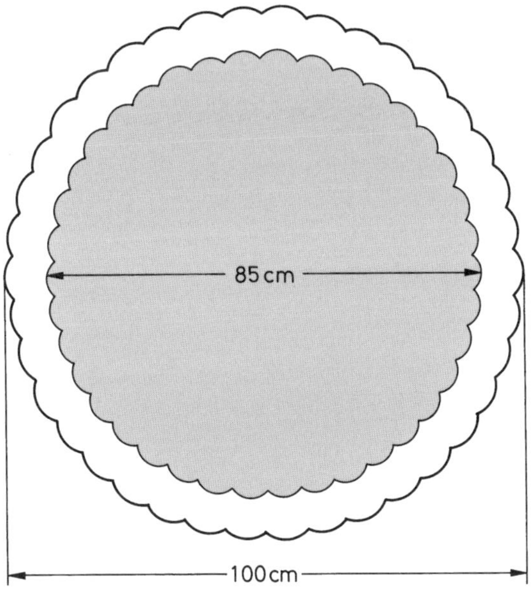

糸印を
つける

編み始め

85cm

100cm

41

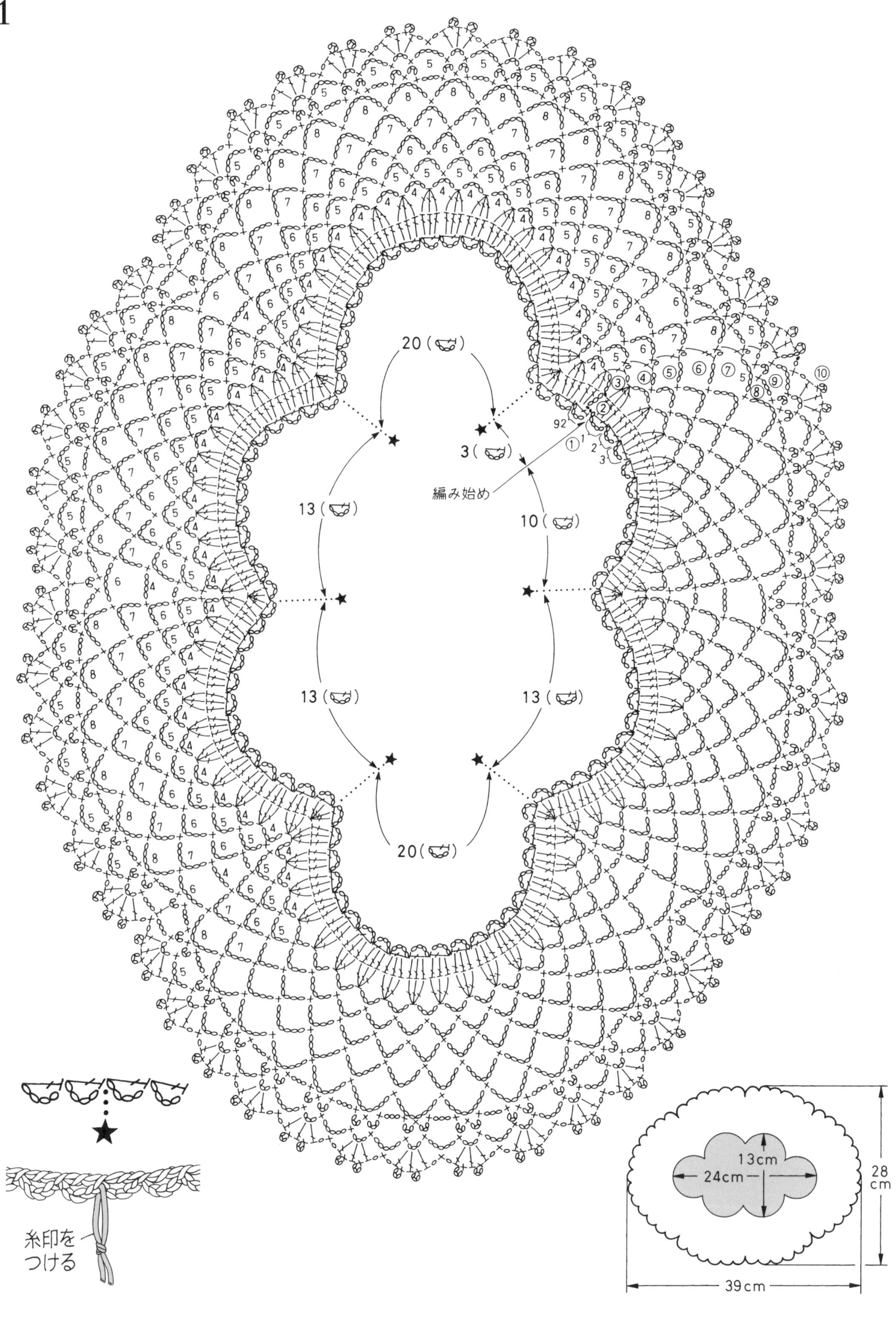

42

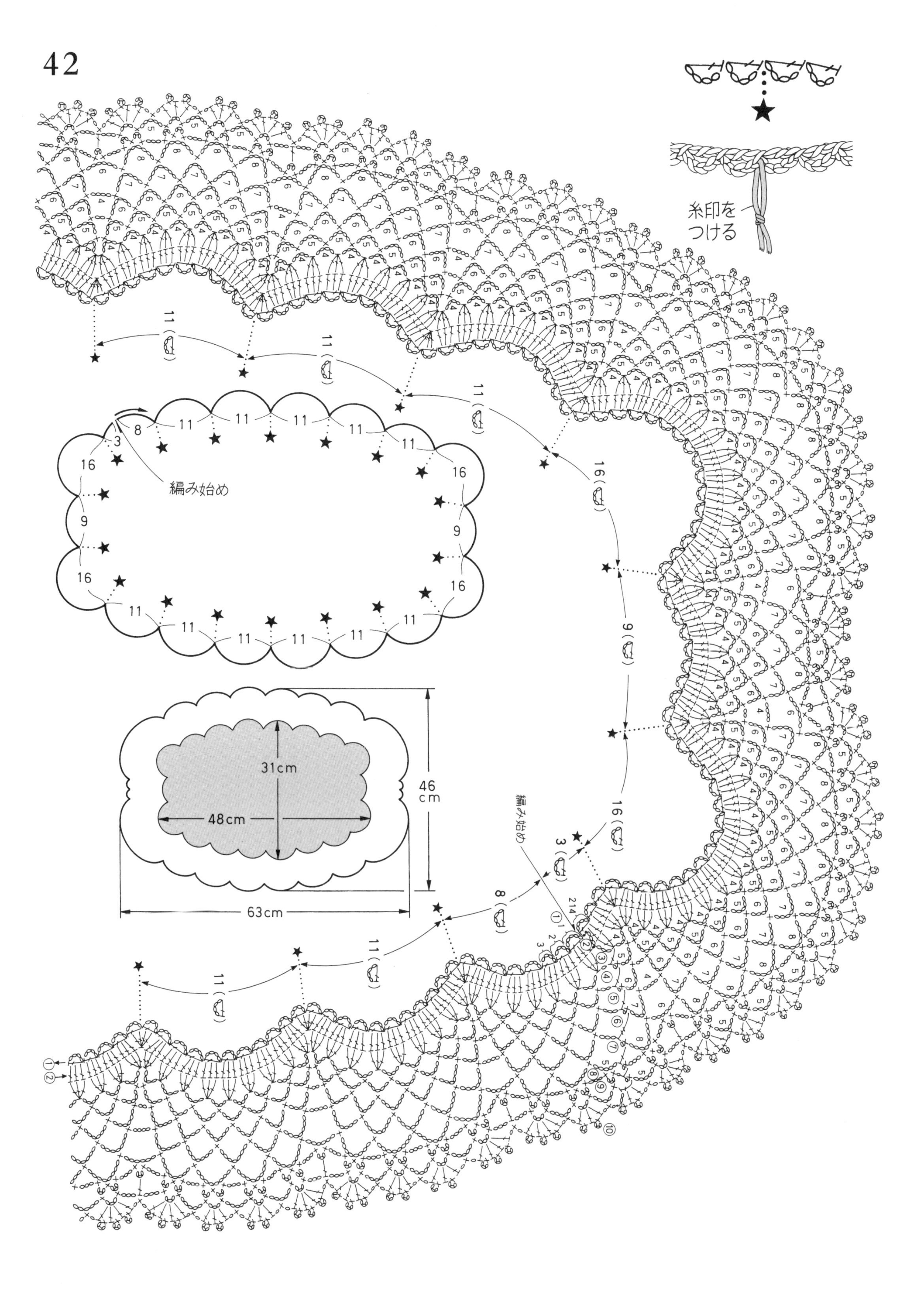

44 テーブルセンター …30ページの作品

材料　オリムパスエミーグランデの白（801）を85g、
　　　麻布の白を75×18㎝

用具　クロバー0号レース針

サイズ　88×31㎝　エジング幅9.5㎝

編み方　図を参照して編みます。レース編みの基礎「エジング」参照。

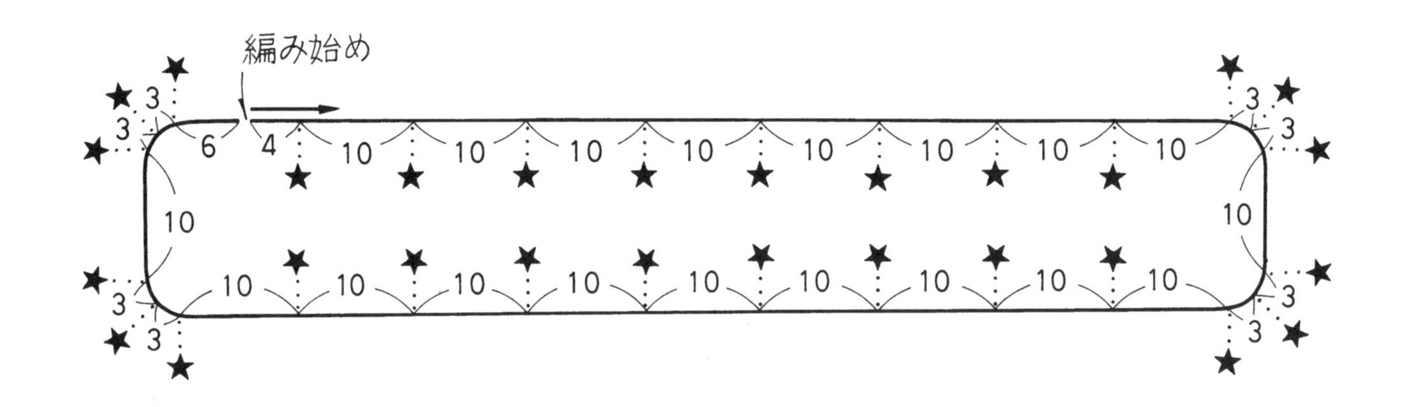

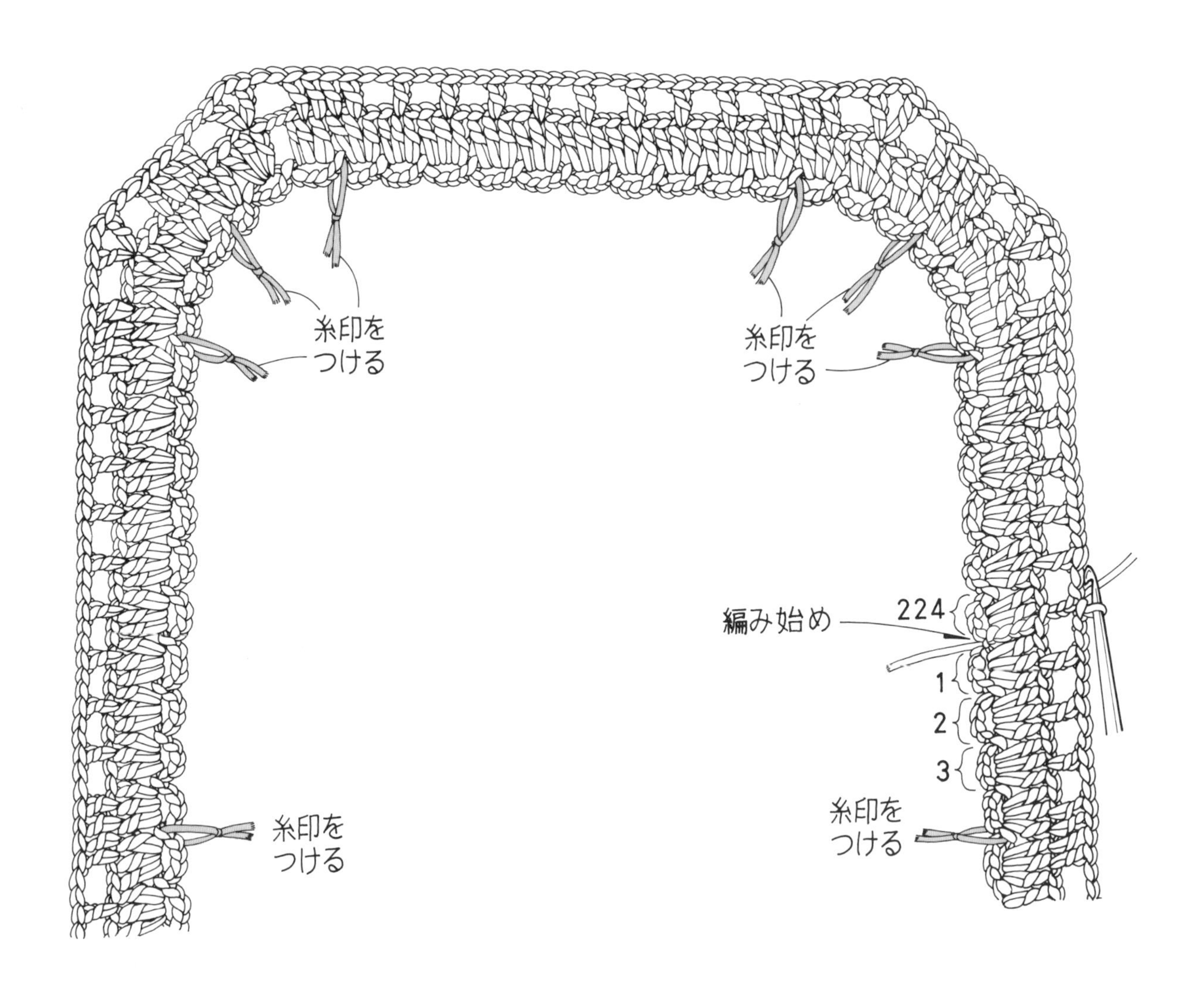

44

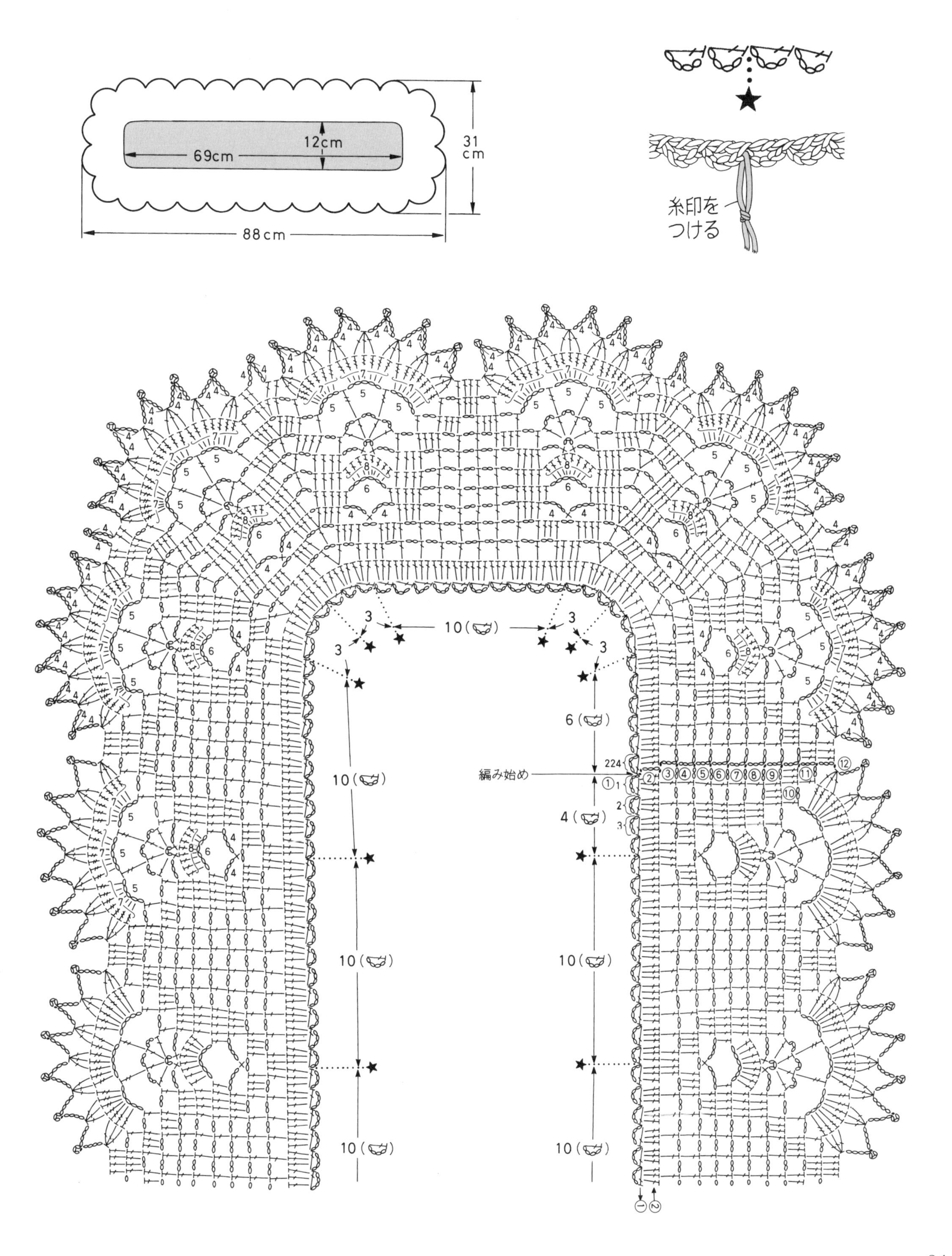

46 テーブルセンター …32ページの作品

材料　オリムパスエミーグランデの白（801）を70g、
　　　麻布の白を80×80㎝（布はレースの大きさに合わせて用意します）

用具　クロバー0号レース針

サイズ　直径87㎝　エジング幅6.5㎝

編み方　図を参照して編みます。レース編みの基礎「エジング」参照。

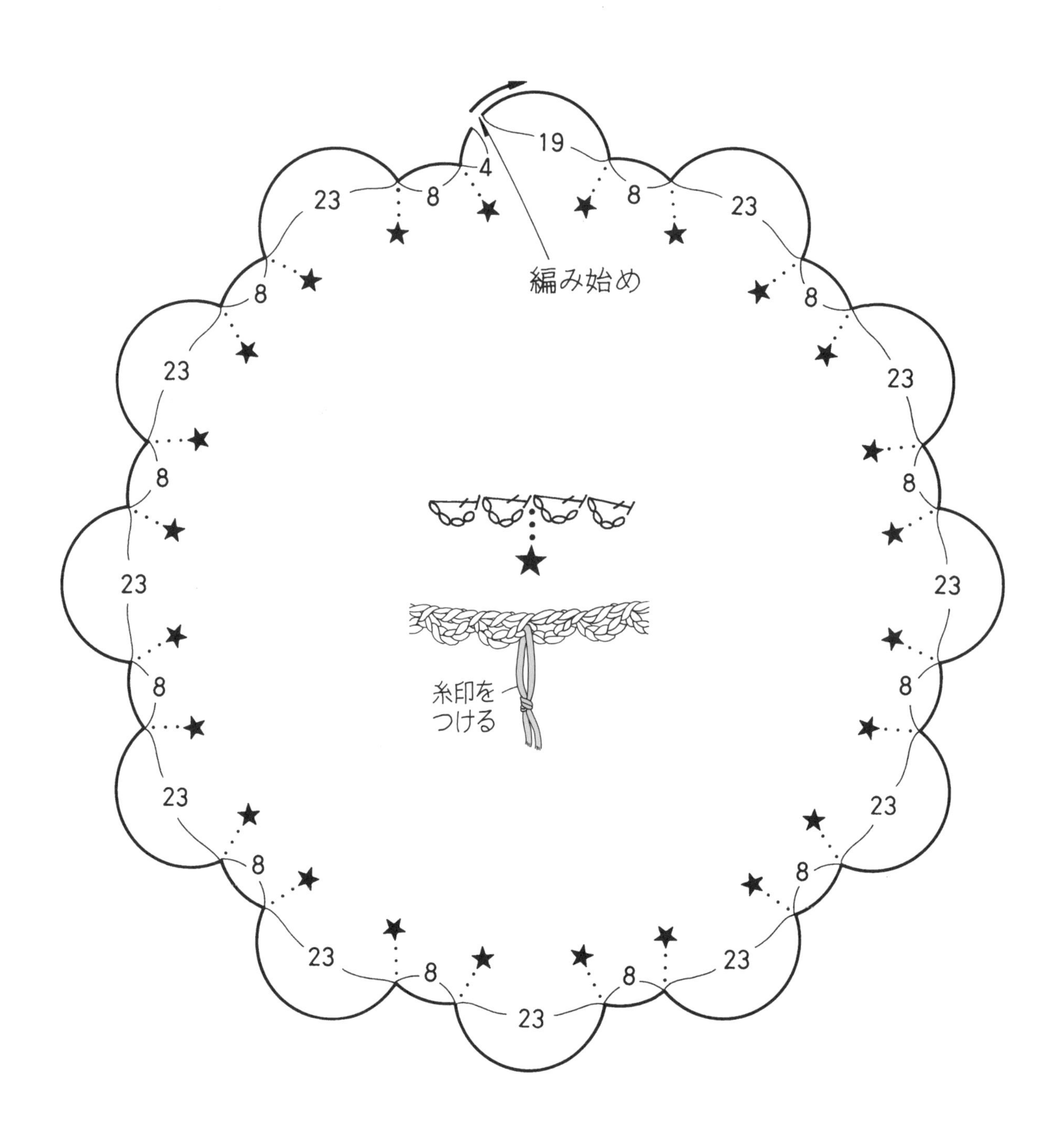

46

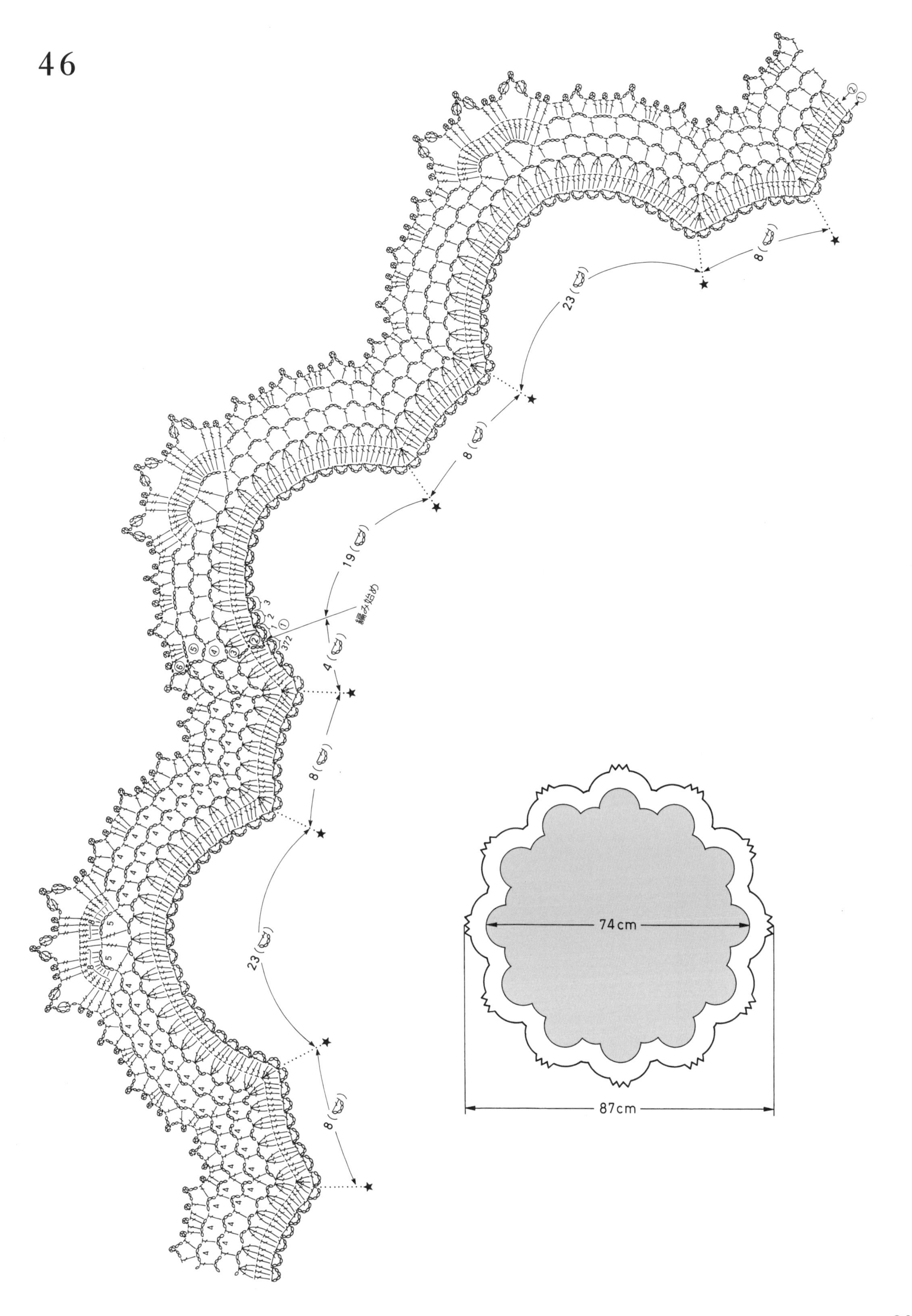

45

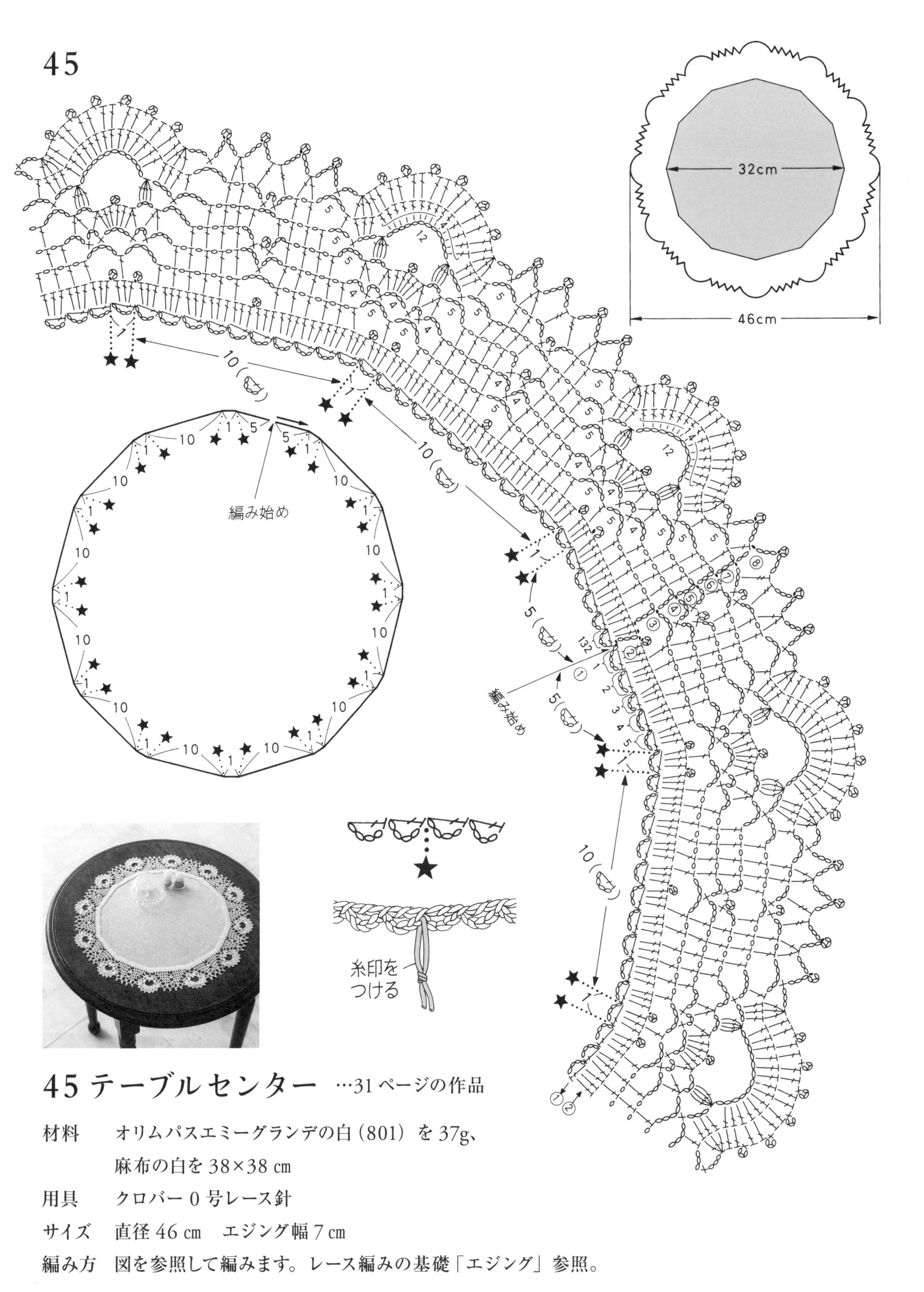

45 テーブルセンター …31ページの作品

材料　オリムパスエミーグランデの白（801）を37g、
　　　麻布の白を38×38㎝

用具　クロバー0号レース針

サイズ　直径46㎝　エジング幅7㎝

編み方　図を参照して編みます。レース編みの基礎「エジング」参照。

レース編みの基礎

編み方図について

図の中心部の輪は、編み始めの輪を糸の輪で作るということです。丸数字の①～⑦は段を示しています。１段めの24という数字は長編みを24目編むということですが、立ち上がりの鎖３目を長編み１目と数えますので、１段めでは鎖３目と長編み23目を編みます。

２段めの鎖目の下の４という数字は鎖の目数を示します。５段めのこま編みは、前段の鎖８目をすくって編み入れます。最終段の７段めは引き抜きピコットを入れながら長編みを編んで、最後の引き抜き編みを編み、糸を15㎝くらい残して切ります。

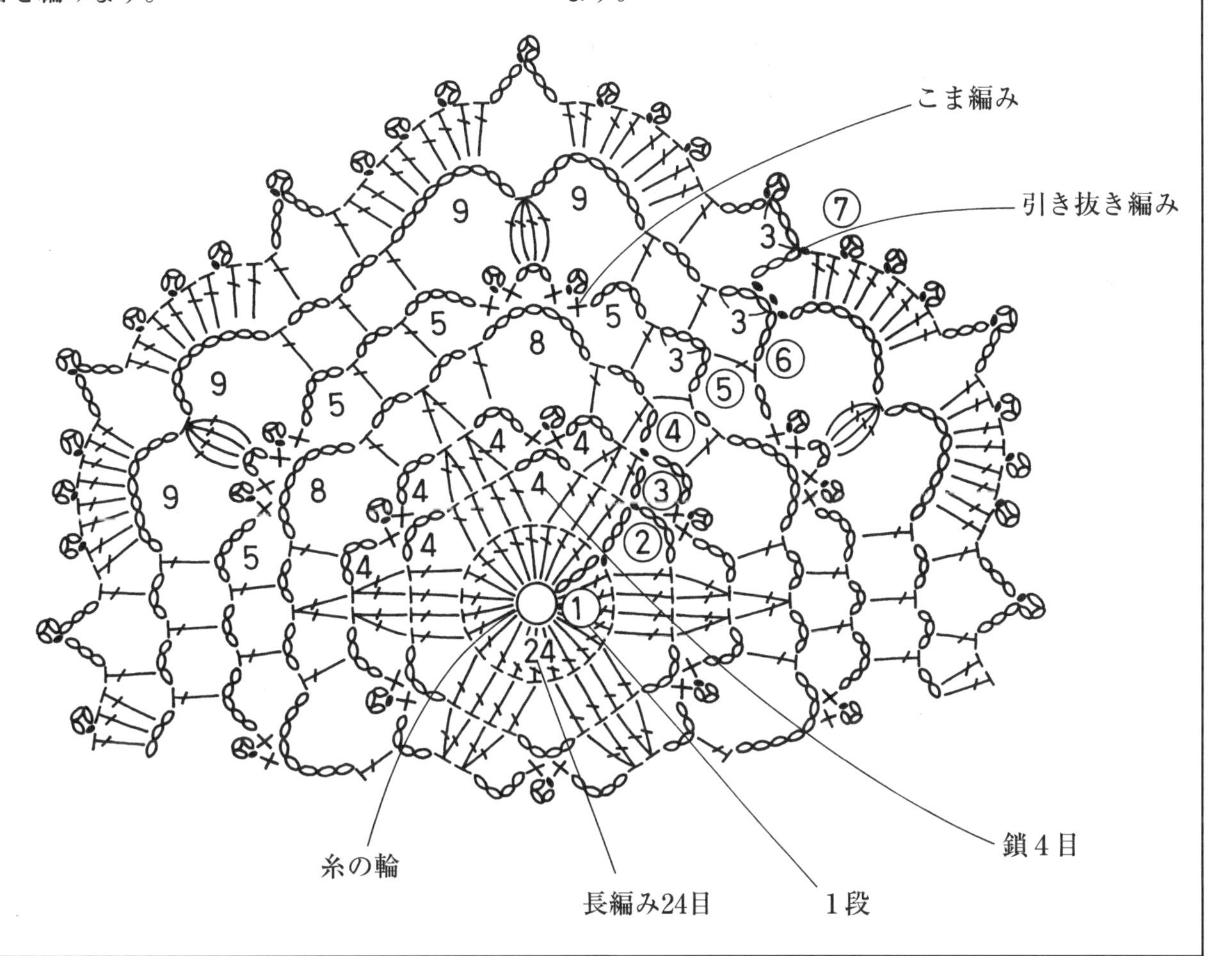

立ち上がり目について

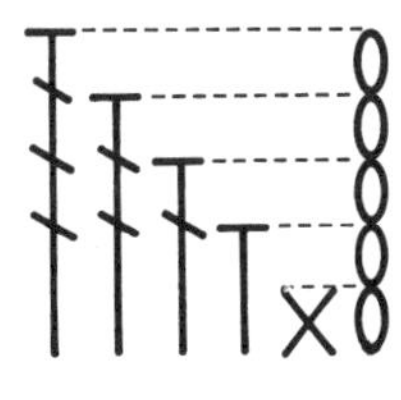

毎段の編み始めは、それぞれの編み目の高さに鎖目を編んで立ち上がります。

立ち上がりの鎖目は、中長編み、長編み、長々編みなどでは、編み目１目と数えますが、こま編みの場合は、編み目１目と数えません。

仕上げ方・洗い方

編み上がったレースは、糸端を裏側でていねいに始末します。レースの裏を上にして形をきれいに整えながらアイロンをかけます。パプコーン編みの部分は、下にタオルを敷いて、ふくらみをつぶさないようにアイロンをかけます。

汚れてしまった場合は、中性洗剤をぬるま湯に溶かして振り洗いをします。よくすすいで、タオルにくるんで水気をとり、乾かしてアイロンで仕上げをします。

好みによって糊をつけます。

段の編み終わりの編み方

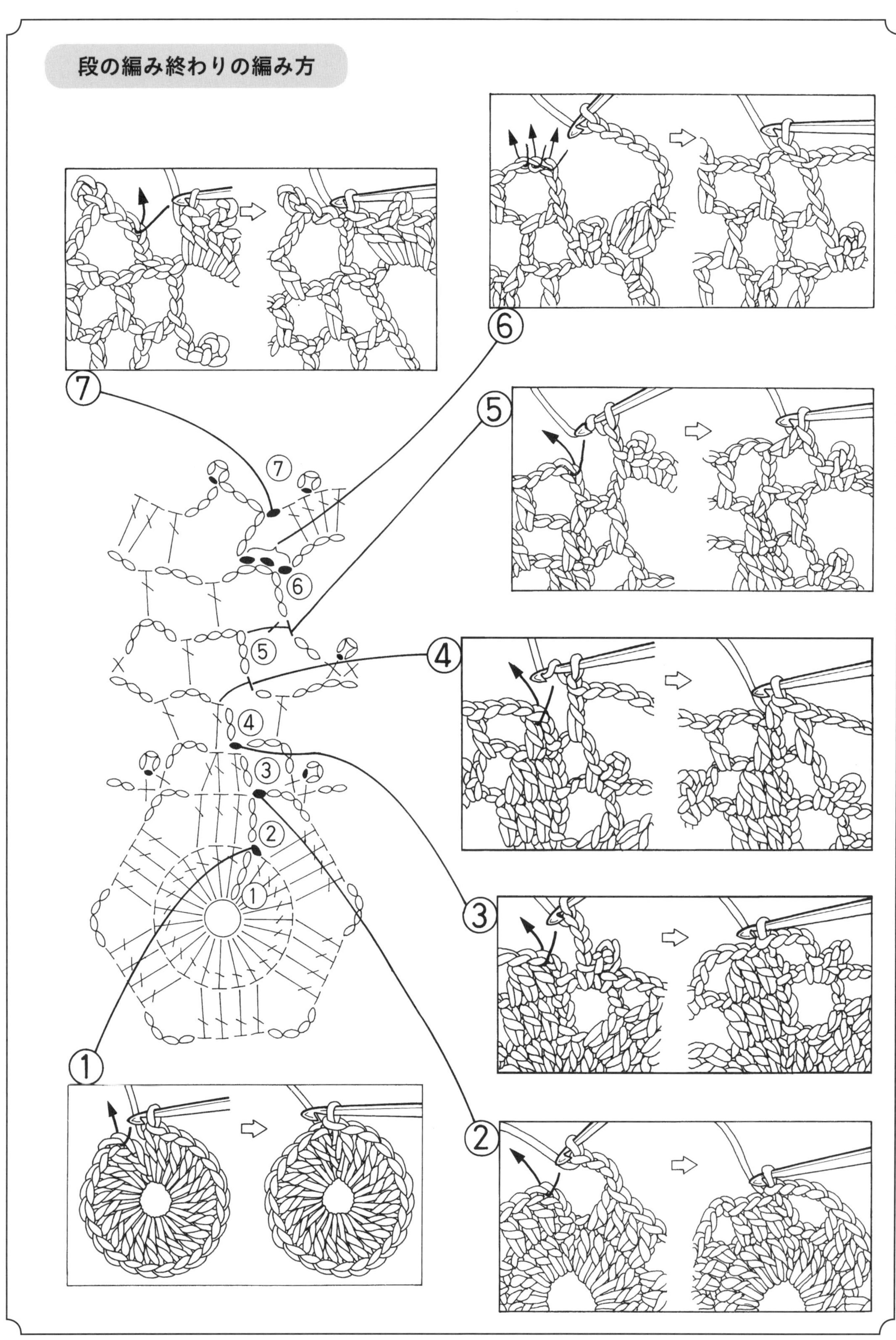

編み始めの輪の作り方

中心から編み始めるレースには、糸の輪から編む場合と、鎖の輪から編む場合とがあります。

糸の輪を作る

糸端を15cmくらい残して、２回巻きの糸の輪を作り､立ち上がりの鎖３目(長編み１目と数える)を編み、輪の中に長編み23目を編んで糸を引き締め、立ち上がりの鎖３目めに引き抜きます。

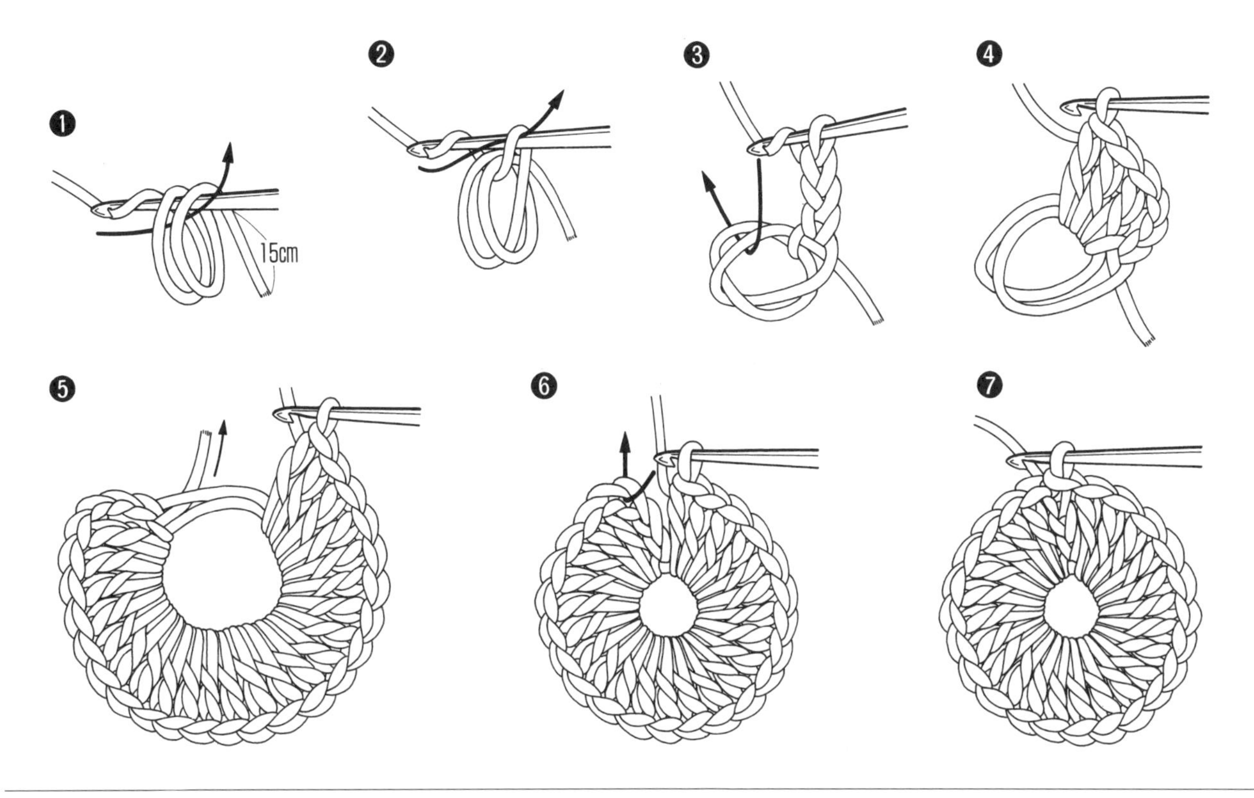

鎖の輪を作る

糸端を15cmくらい残して、鎖８目を編み、編み始めの鎖１目めに引き抜きます。立ち上がりの鎖１目（こま編みの場合は、立ち上がりの鎖はこま編み１目と数えない）を編み、こま編み16目を編んで、こま編み１目めに引き抜きます。

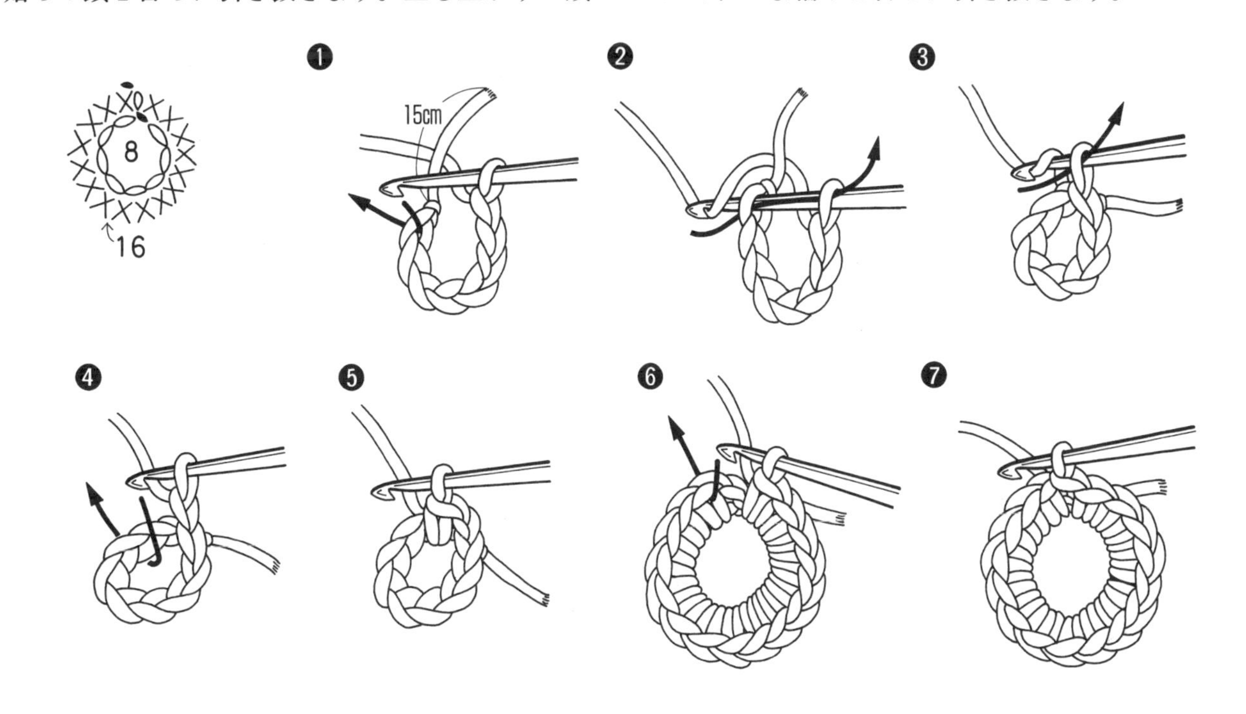

編み目記号と編み方

鎖編み目

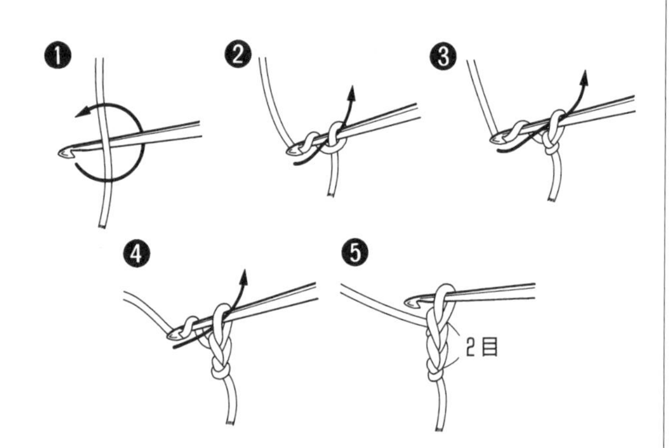

引き抜き編み目

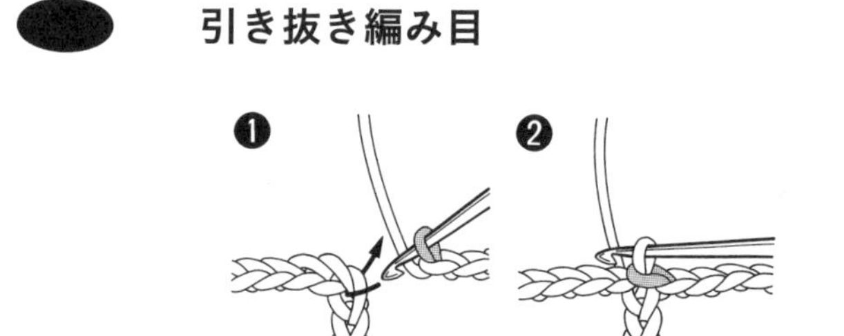

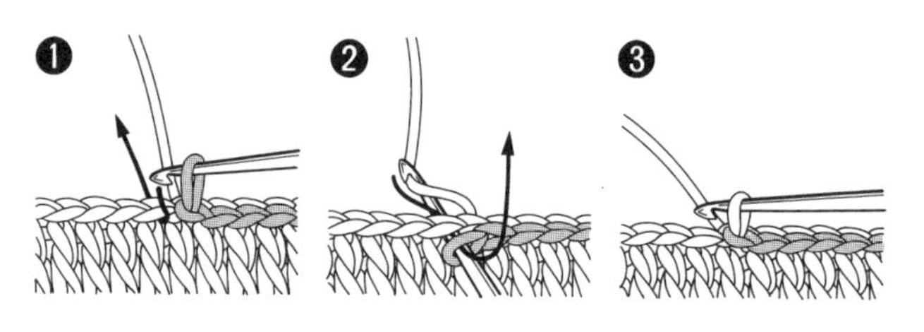

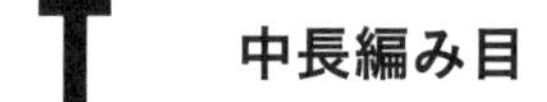

中長編み目

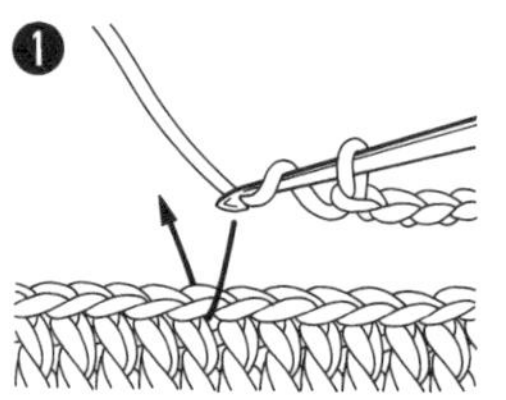

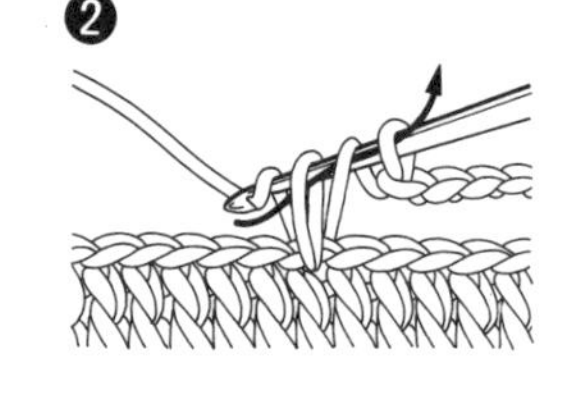

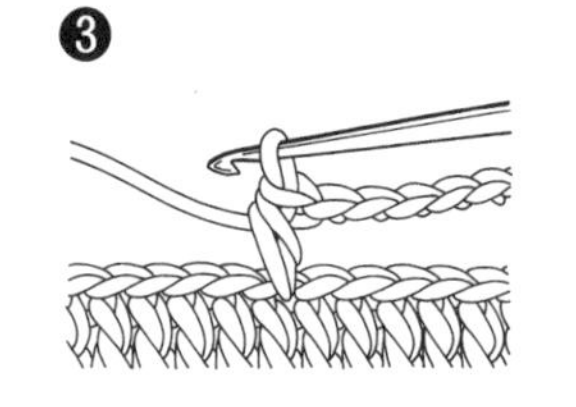

こま編み目

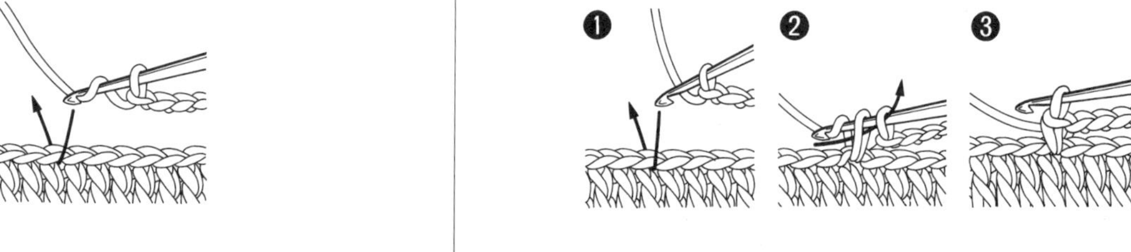

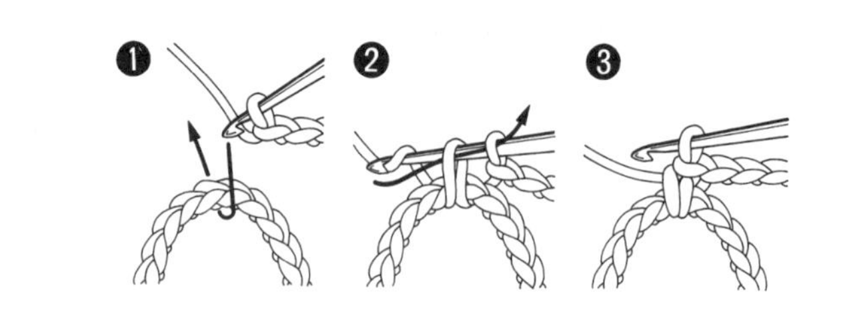

長編み目

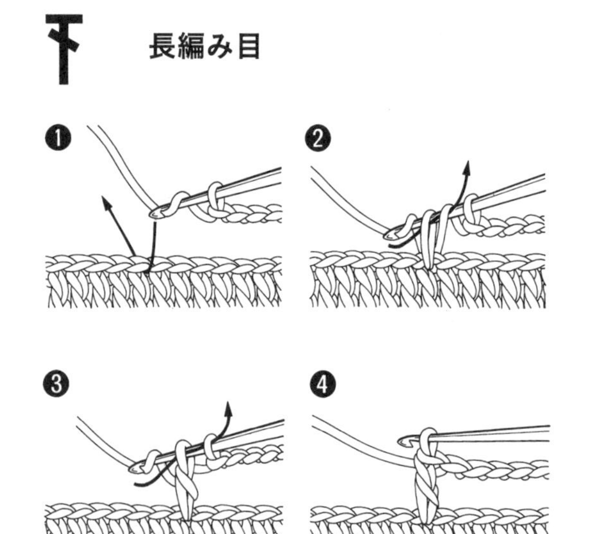

長々編み目

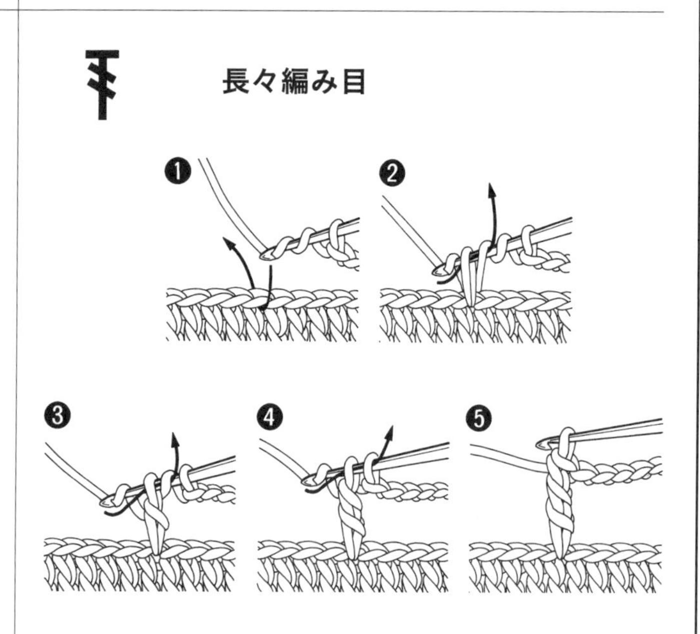

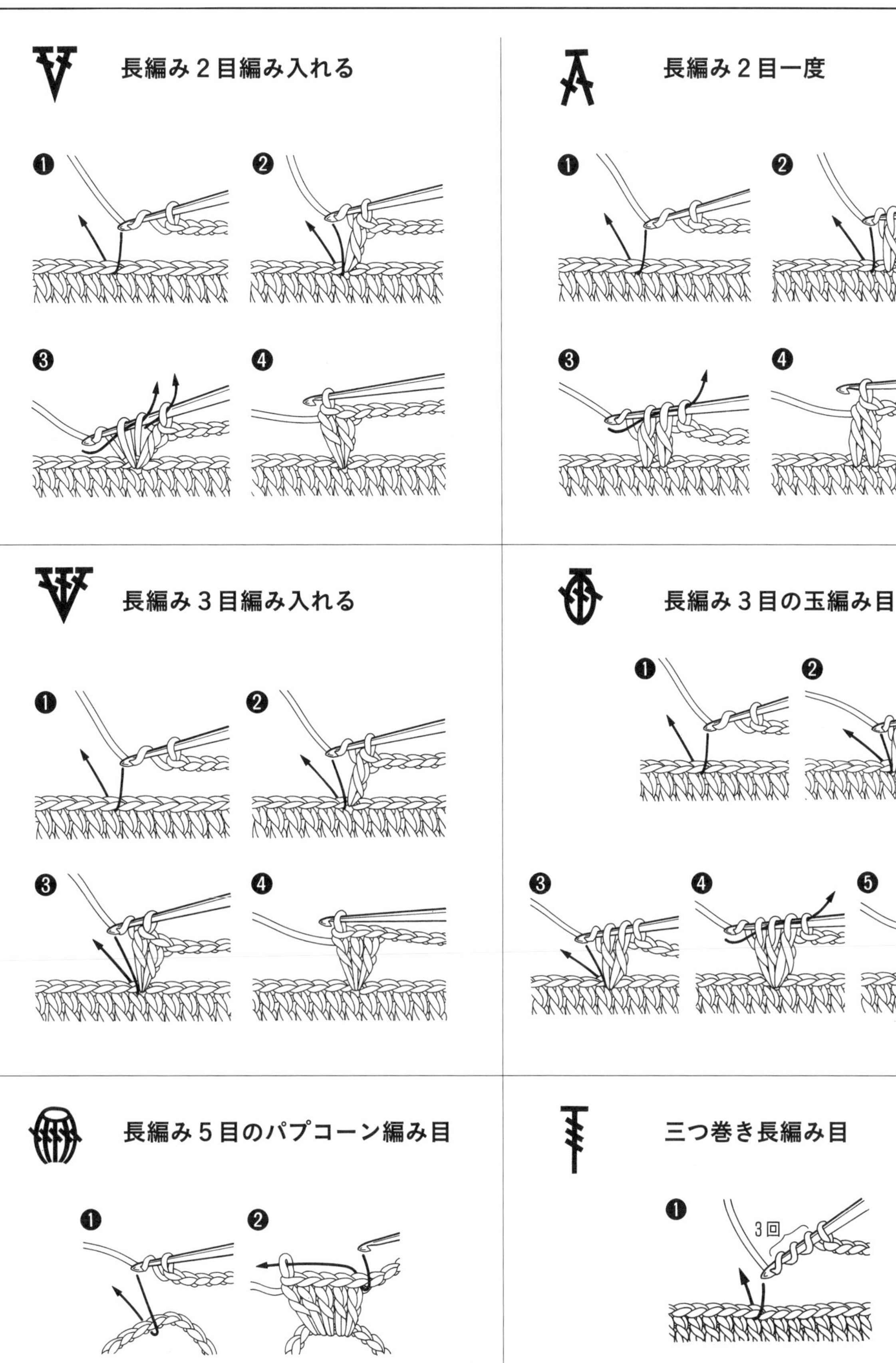

長編み2目編み入れる

長編み2目一度

長編み3目編み入れる

長編み3目の玉編み目

長編み5目のパプコーン編み目

三つ巻き長編み目

編み目記号と編み方

鎖3目の引き抜きピコット

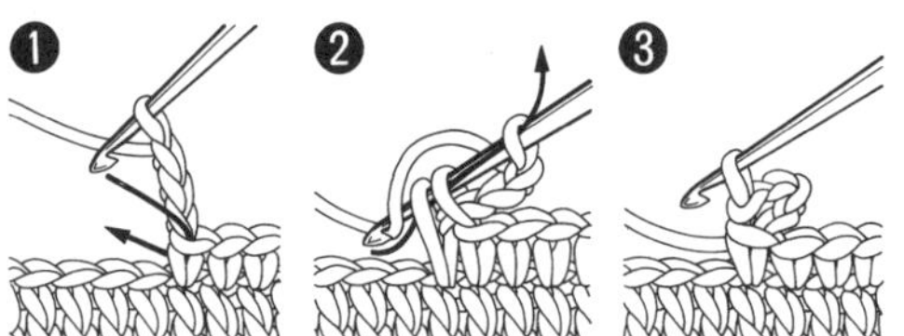

鎖3目のこま編みピコット

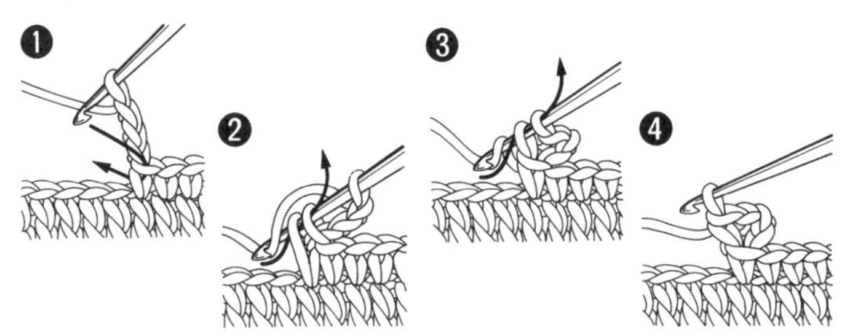

鎖3目の引き抜きピコット＝49ページ参照

モチーフのつなぎ方

中長編みでつなぐ

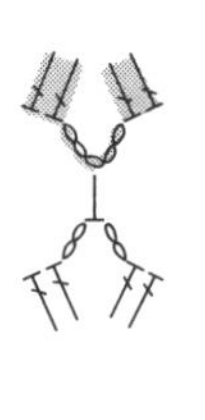

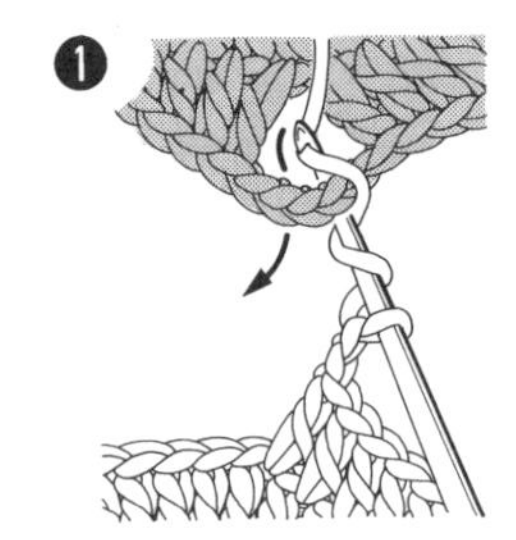

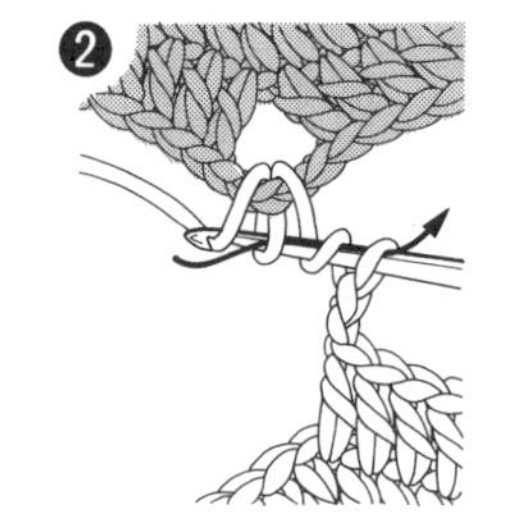

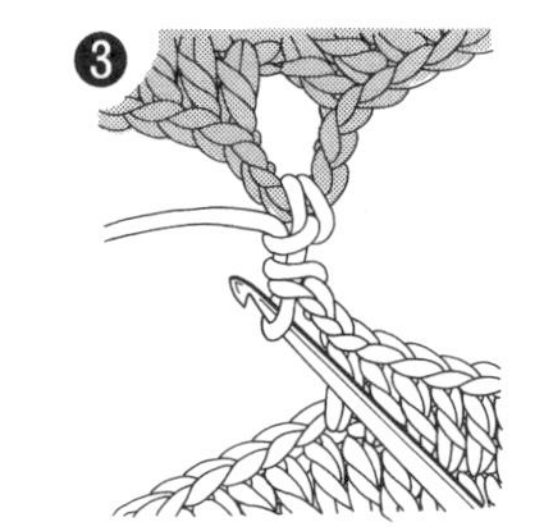

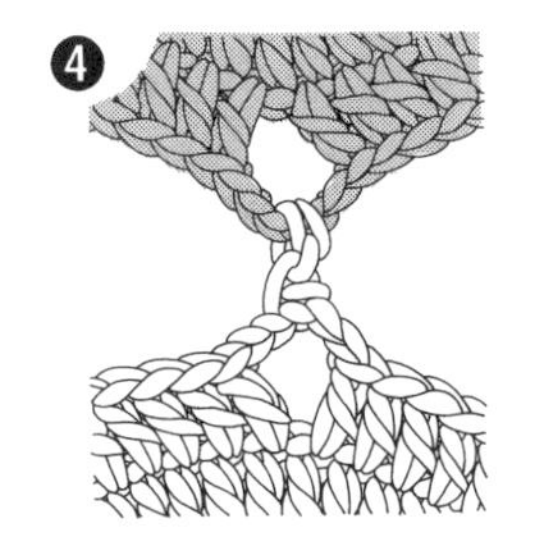

長編みでつなぐ

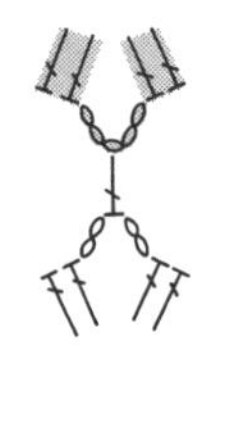

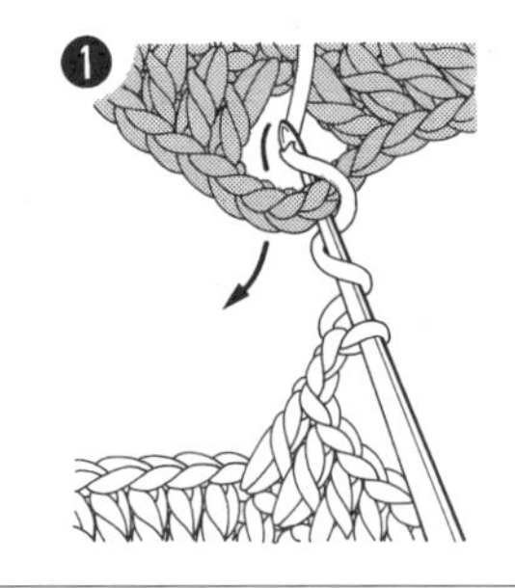

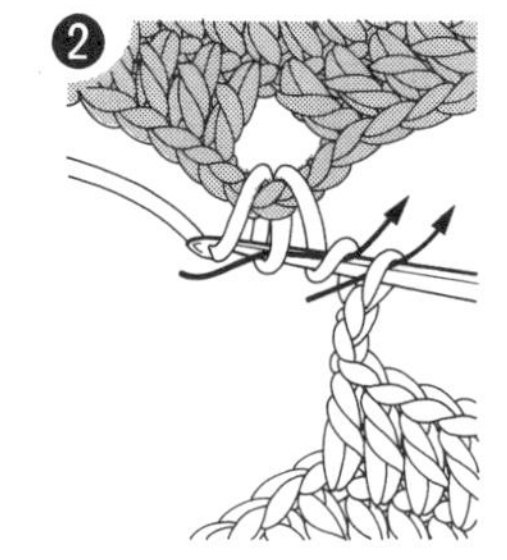

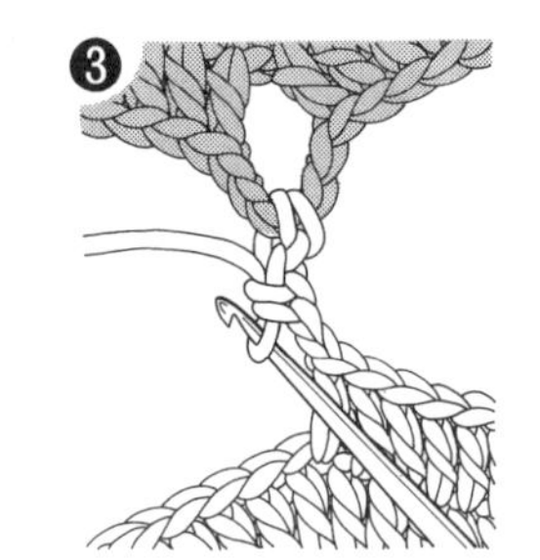

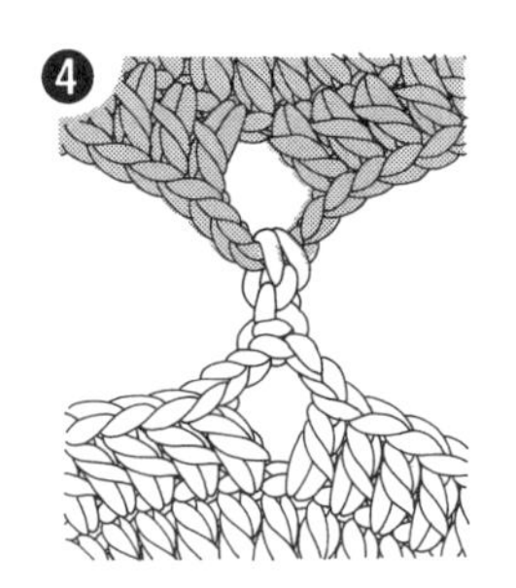

ピコットにこま編みでつなぐ

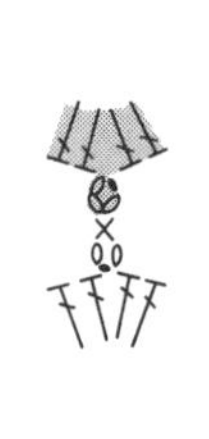

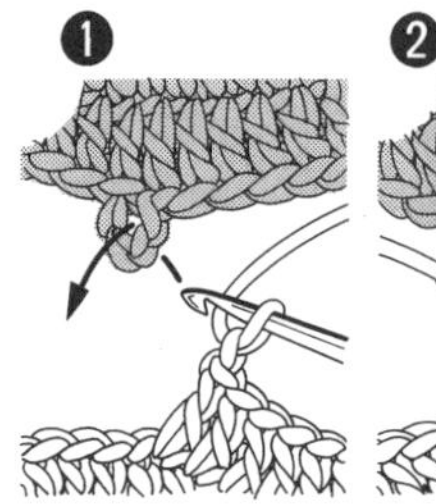

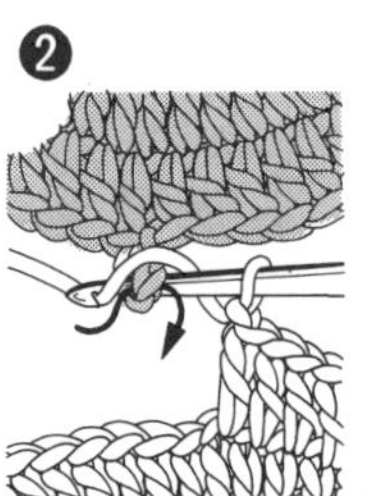

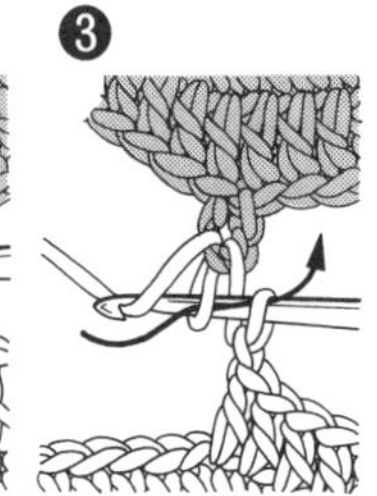

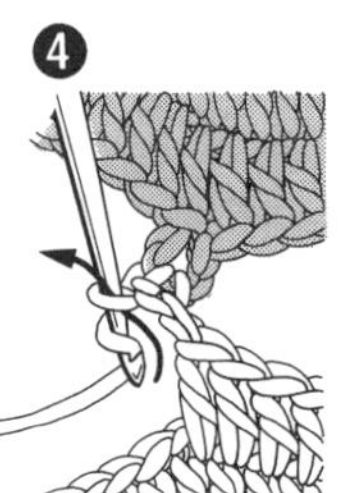

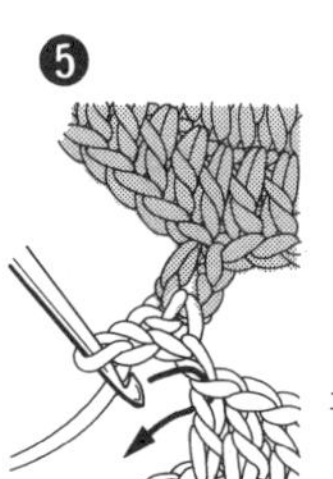

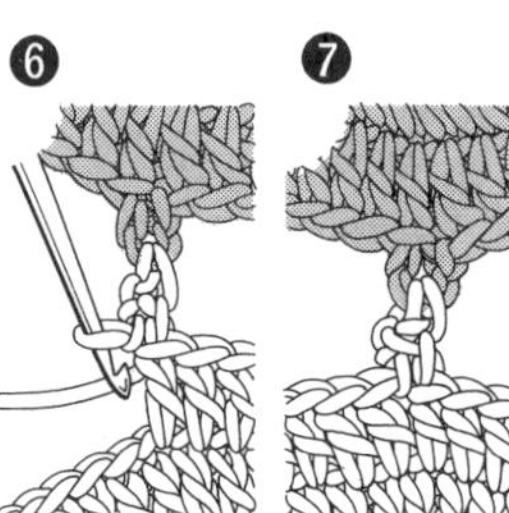

ピコットに引き抜き編みでつなぐ

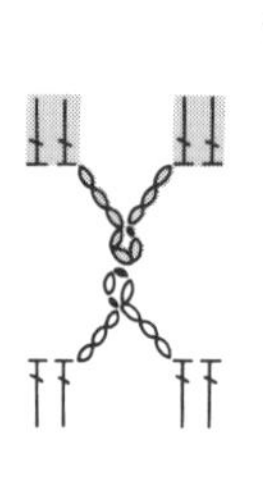

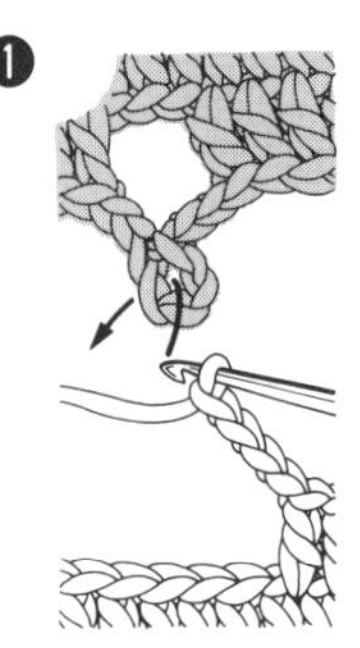

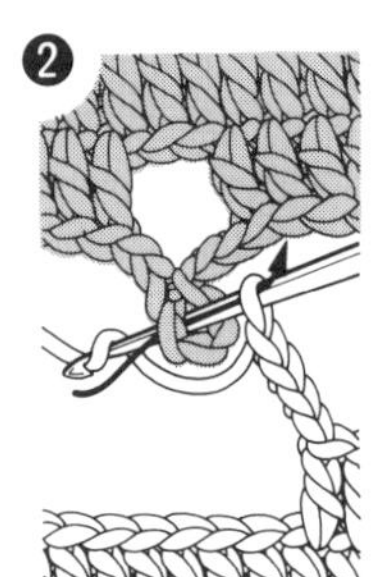

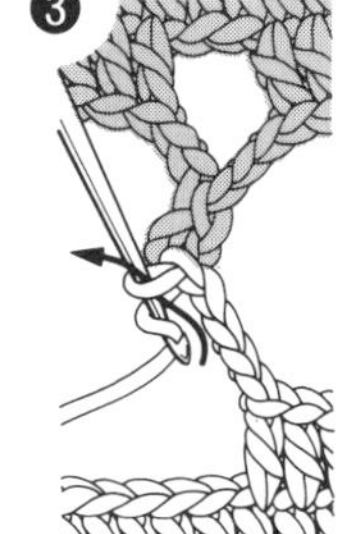

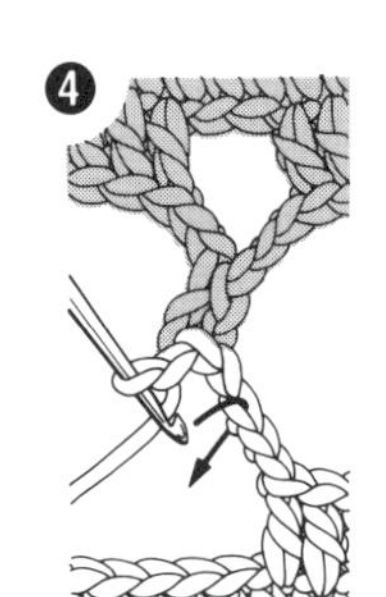

途中で糸をつなぐ・糸を結ぶ

糸端を15cmくらい残しておくと、最後に糸端の始末がしやすいです。❻〜⓫のように糸端をきっちり結んでおくと安心です。

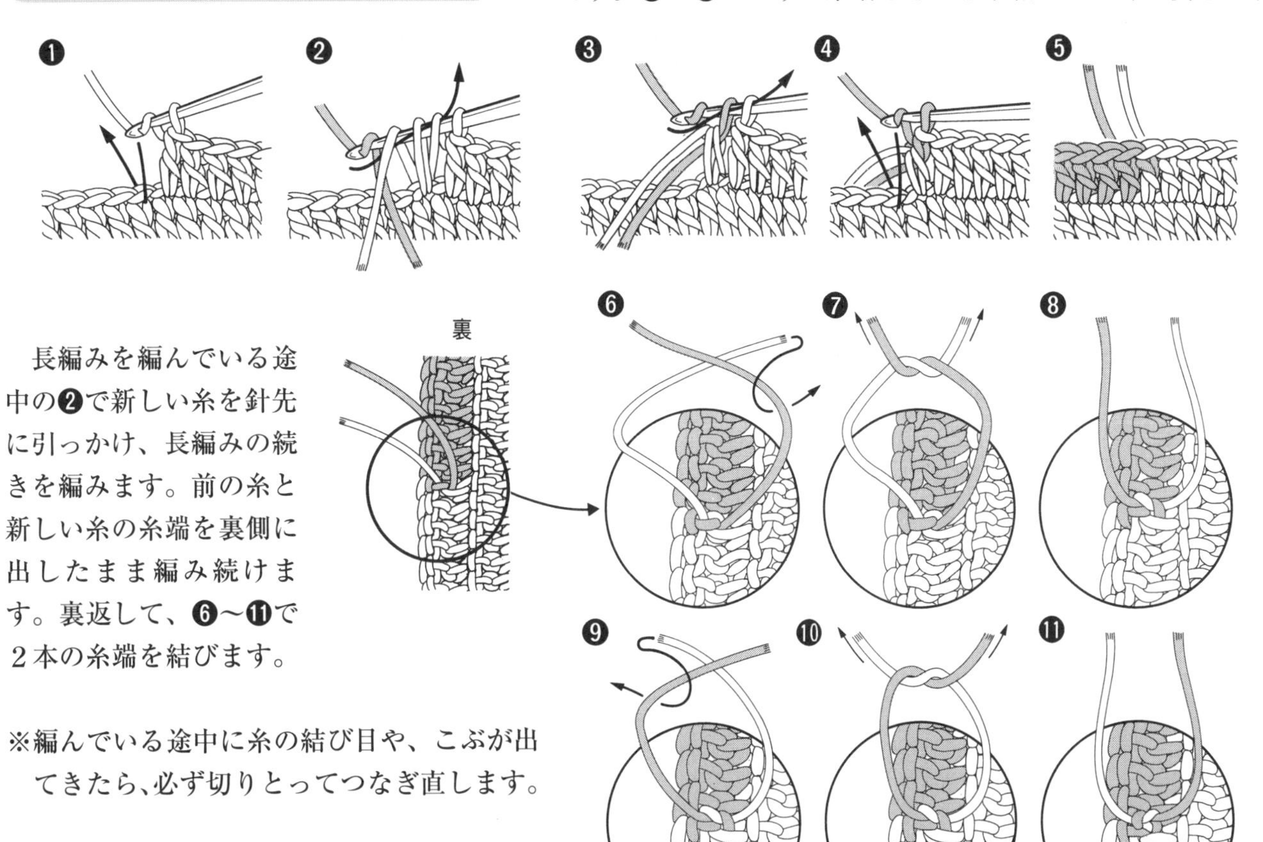

長編みを編んでいる途中の❷で新しい糸を針先に引っかけ、長編みの続きを編みます。前の糸と新しい糸の糸端を裏側に出したまま編み続けます。裏返して、❻〜⓫で2本の糸端を結びます。

※編んでいる途中に糸の結び目や、こぶが出てきたら、必ず切りとってつなぎ直します。

※糸と糸を結んでから編む場合は、68ページ参照。

糸をつける・糸を切る

糸をつける

◁＝糸をつける

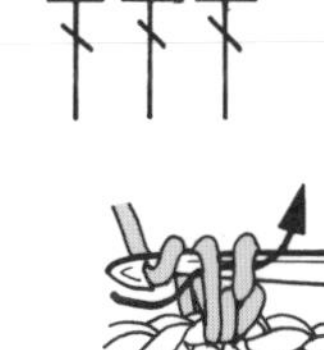

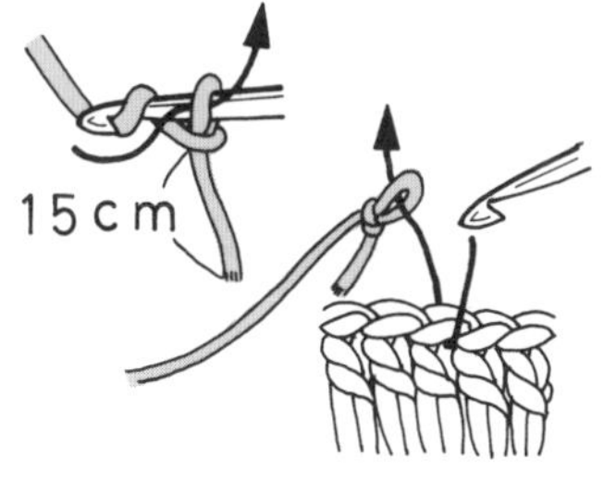

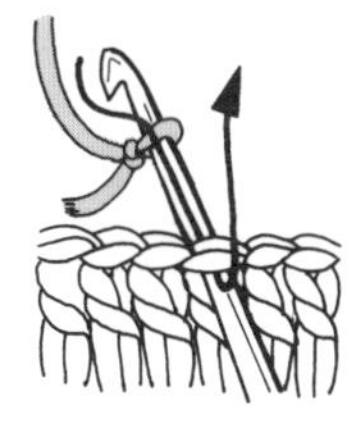

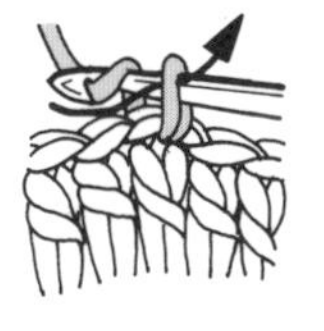

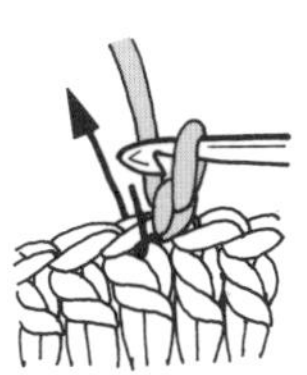

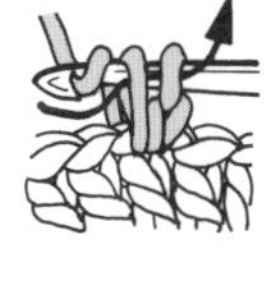

糸を切る

◀＝糸を切る

引き抜き編みを編み、糸端を15cmくらい残して切り、❷のように糸端を通して引き締め、糸端を始末します。

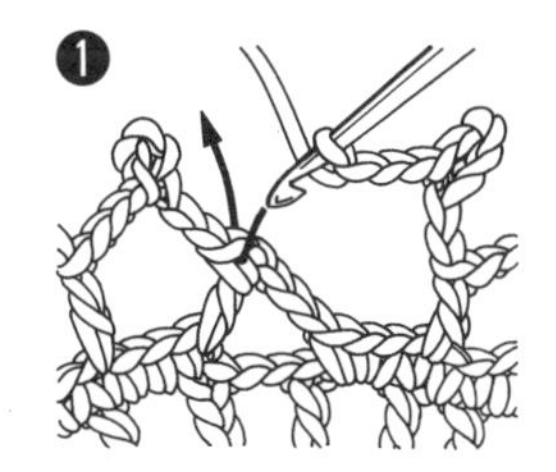

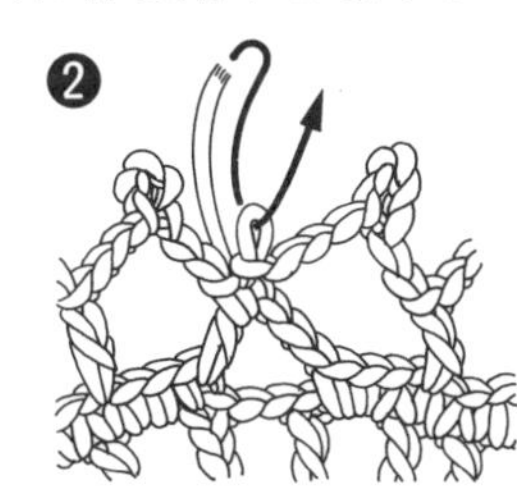

糸端の始末

編み始め、糸をつける、糸を結ぶ、編み終わりなどの糸端は、針に通して編み地の裏側にくぐらせておきます。ところどころ返し縫いをしておくと丈夫です。

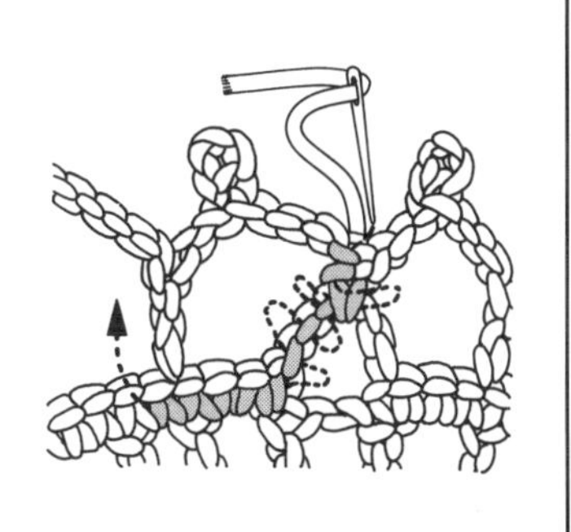

方眼編みの記号と編み方

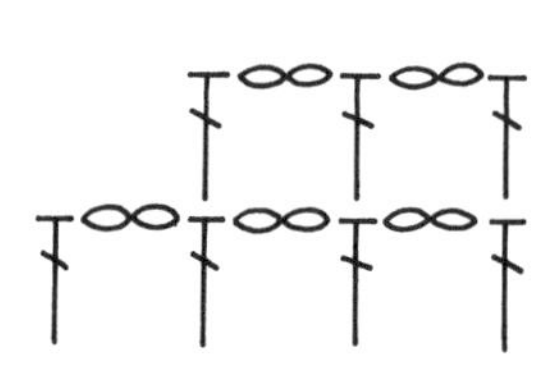

❶

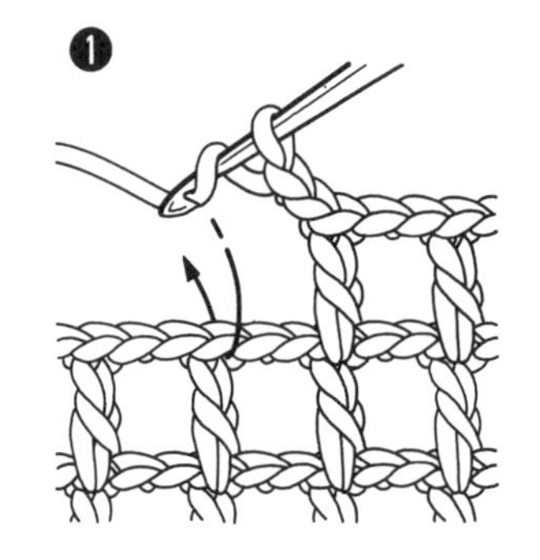

❷

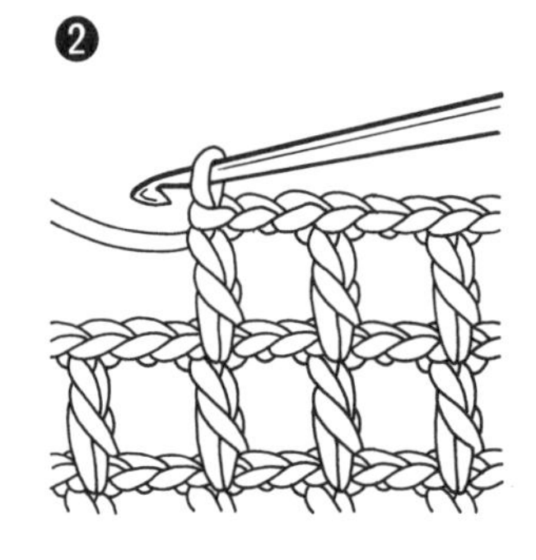

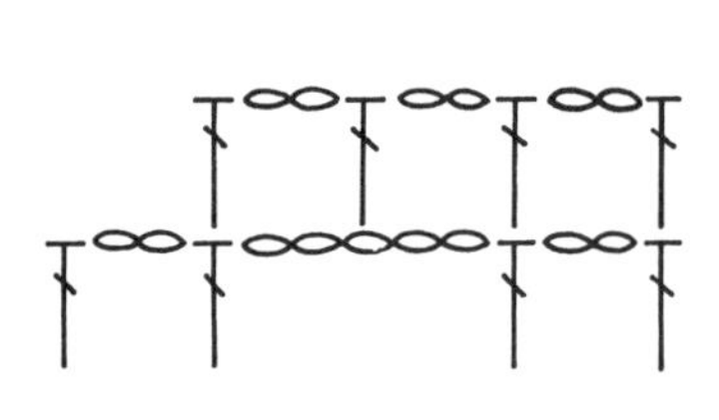

❶

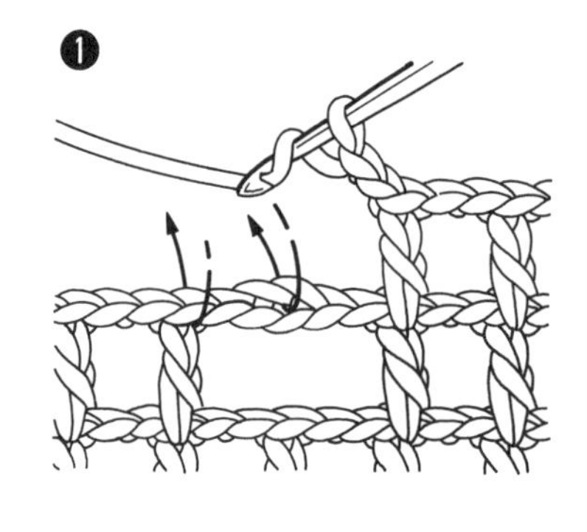

❷

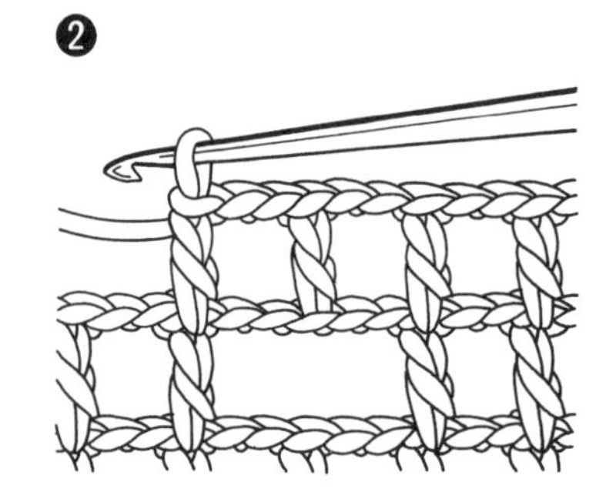

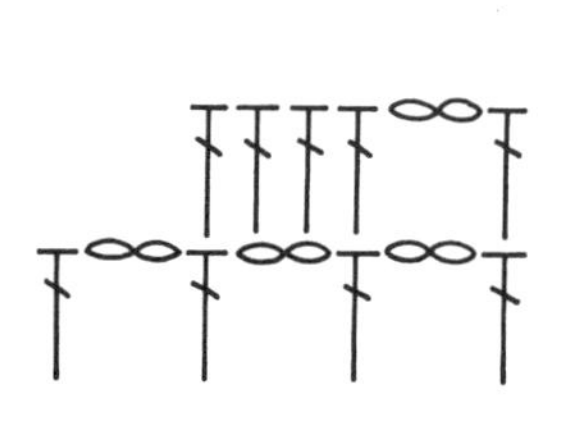

❶

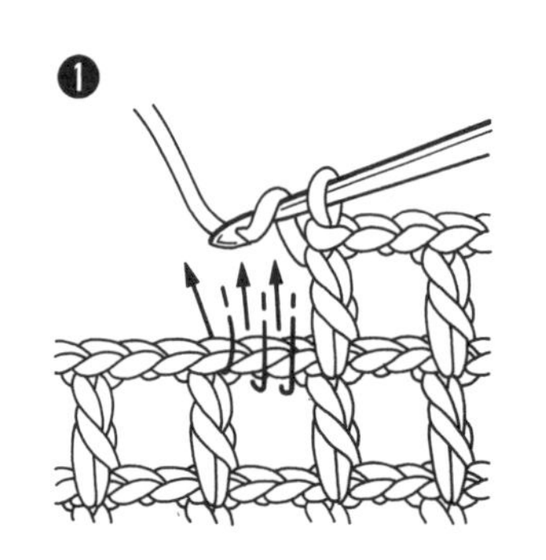

❷

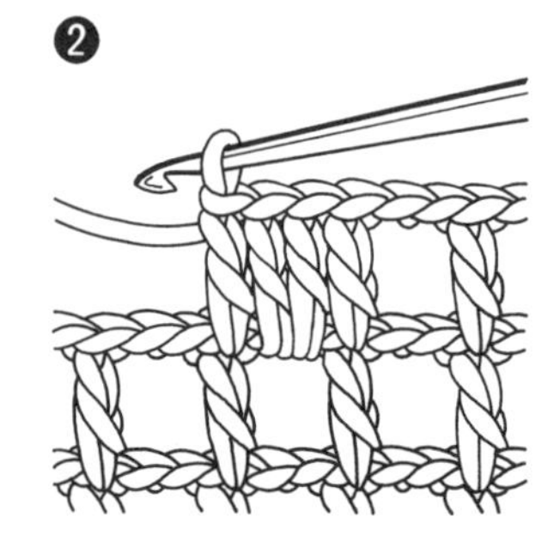

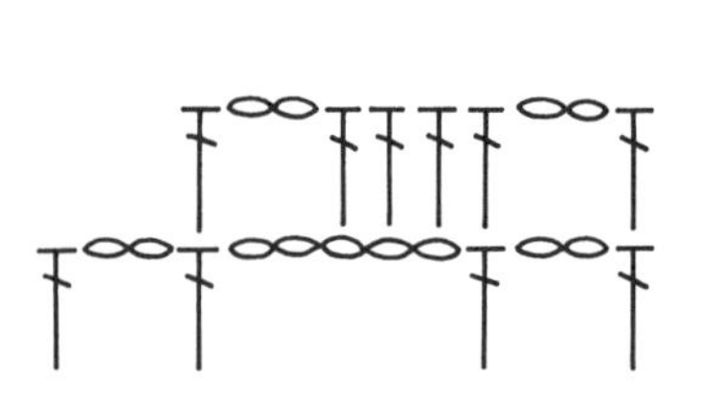

❶

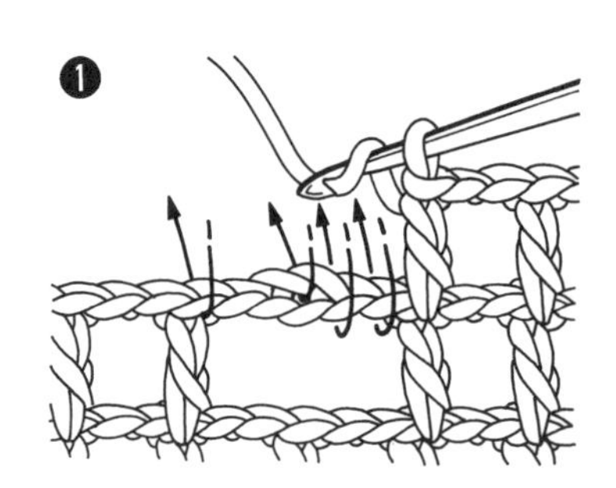

❷

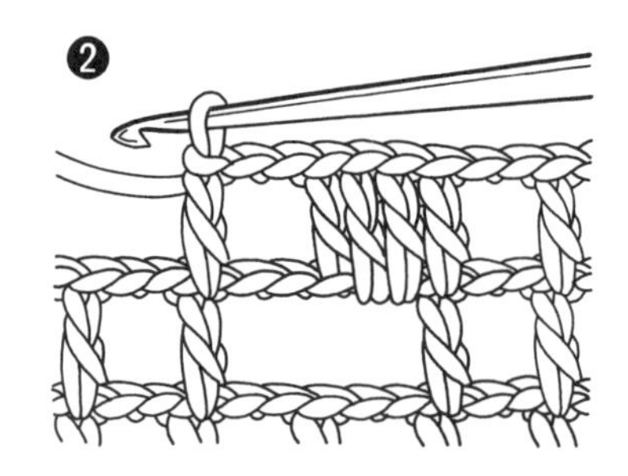

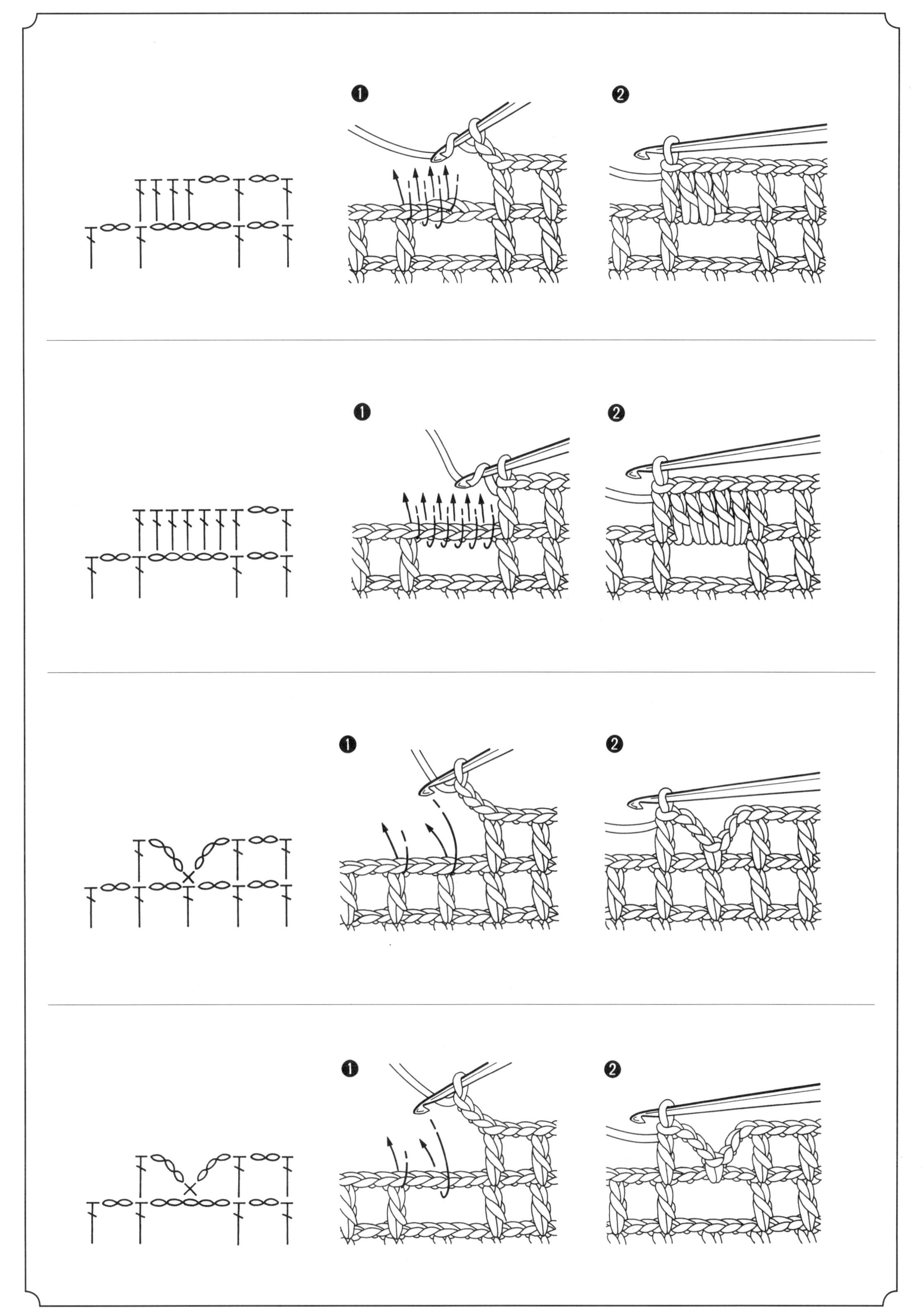

❶
❷
❶
❷
❶
❷
❶
❷

エジングの編み方

1段めは鎖を1目編み、「鎖4目、長編み1目」を18回繰り返し、長編みを外側にして編み始めの鎖に引き抜き、さらに❼のようにして引き抜きます。2段めは鎖3目で立ち上がり、1段めの長編みをすくって長編み2目を編み、次からは長編みを3目ずつ編みます。

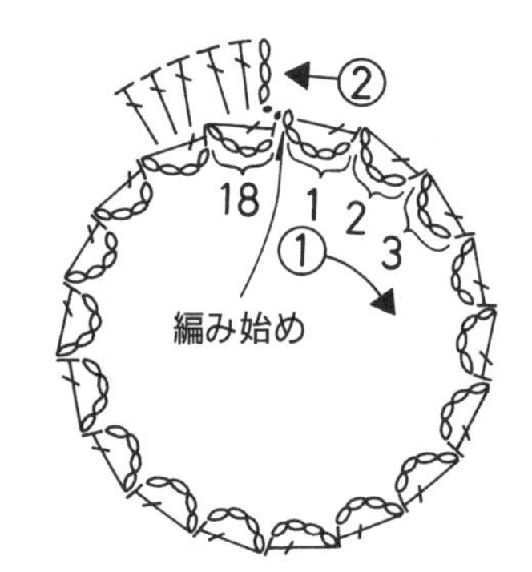

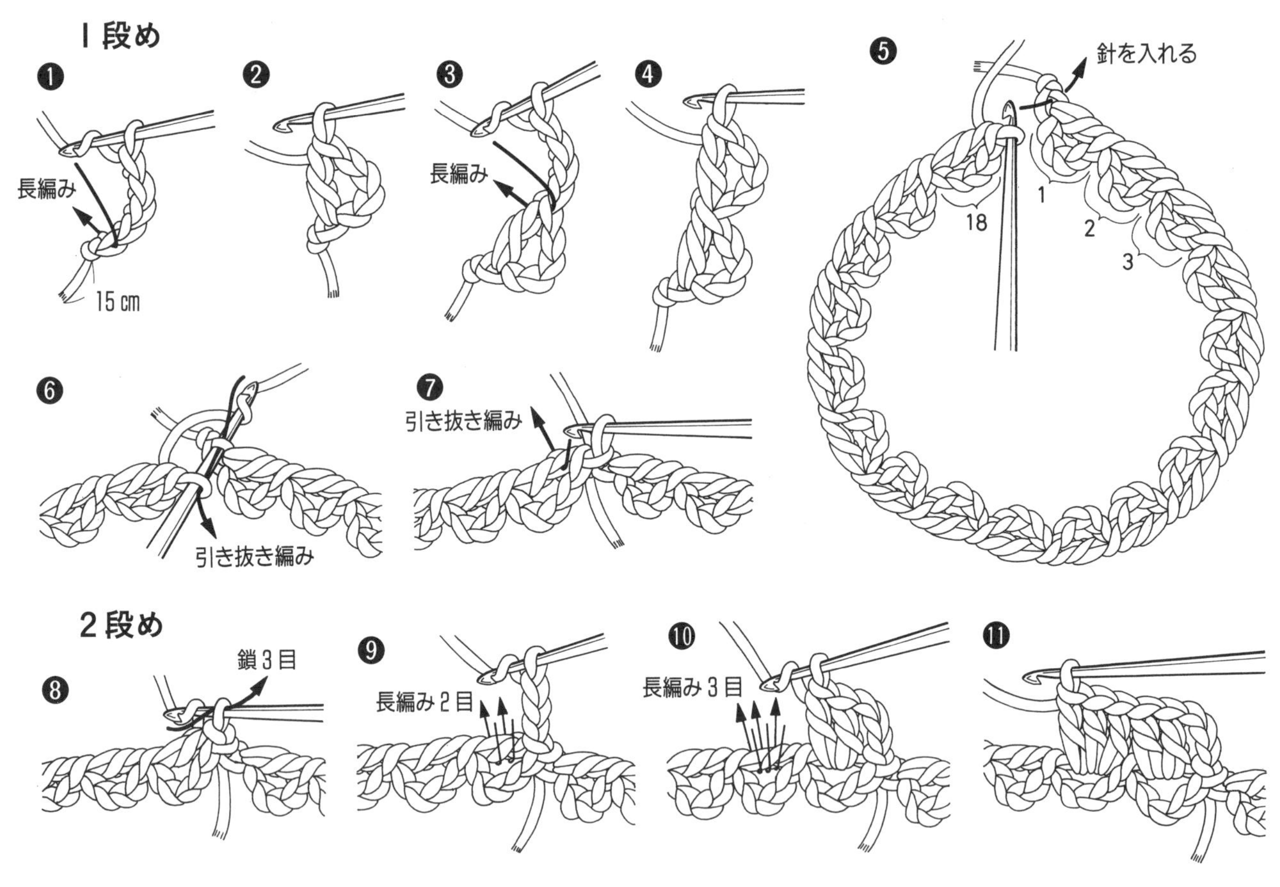

38・41・42・43・46のエジングレースの縫い方

❶縫い代に切り込みを入れる

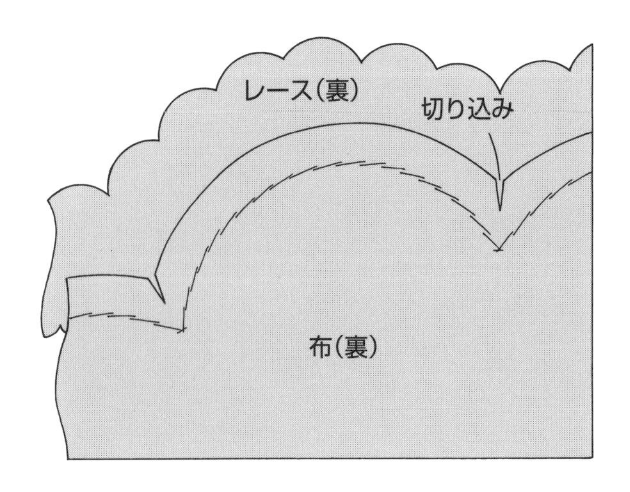

❷布端を内側に折り込んでまつる

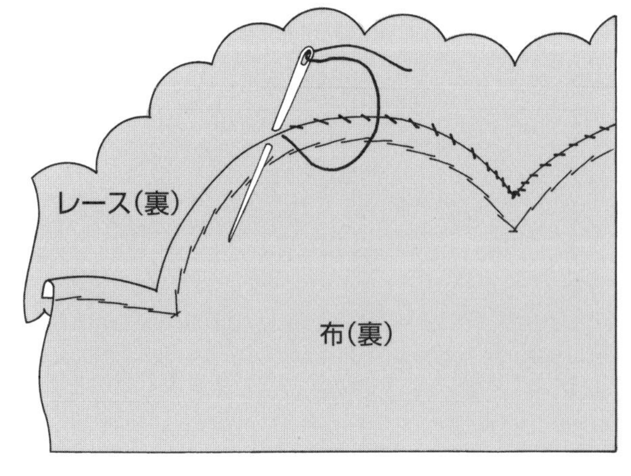

エジングのつけ方

始めに麻布を水につけて縮ませ、完全に乾かして裏側からアイロンをかけておきます。

❶布の上にレースを置きます。レースをゆるみ加減にして形を整え、まち針を打って、しつけをかけます。

❷図のように、返し縫いの要領でレースを布に縫いつけます。しつけをとります。

❸図❹の○印の寸法を縫い代分として残し、布を切ります。布の下にレースが重なっていますので、レースを切らないように注意します。

❹布端を内側に折り込んで、しつけをかけます。図のように布をレースにまつりつけます。

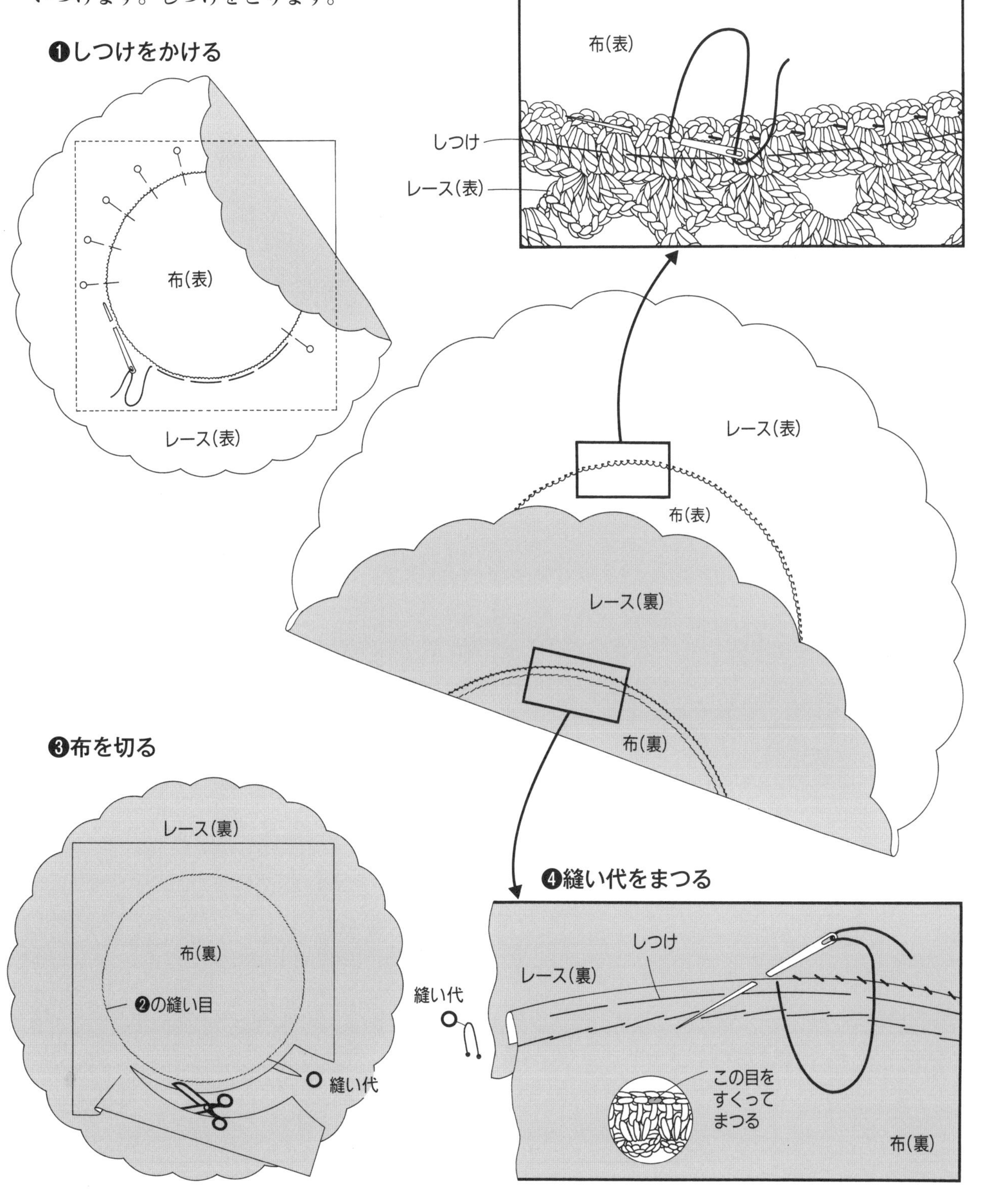

作品製作・編み図・イラスト／河島京子

〈スタッフ〉
ブックデザイン／ MARTY inc.
撮影／渡辺淑克
スタイリング／絵内友美
校閲／滄流社
編集／小柳良子

この本の作品はオリムパス製絲株式会社の糸を使用しています。
糸についてのお問い合わせは下記へお願いします。

オリムパス製絲株式会社
〒 461-0018 愛知県名古屋市東区主税町 4-92
☎ 052-931-6652
http://www.olympus-thread.com

おしゃれなレース編み

著　者　河島京子
編集人　石田由美
発行人　永田智之
発行所　株式会社 主婦と生活社
〒 104-8357 東京都中央区京橋 3-5-7
http://www.shufu.co.jp/
編集部　☎ 03-3563-5361　FAX 03-3563-0528
販売部　☎ 03-3563-5121
生産部　☎ 03-3563-5125
製版所　東京カラーフォト・プロセス株式会社
印刷所　大日本印刷株式会社
製本所　株式会社若林製本工場

ISBN 978-4-391-14961-6
落丁・乱丁の場合はお取り替えいたします。お買い求めの書店か、小社生産部までお申し出ください。